AF205882

Über den Autor

Burkhard Tomm-Bub, M.A. (geb. 1957 in Recklinghausen, NRW) ist Staatlich anerkannter Erzieher, Diplom-Sozialarbeiter (FH) und Magister der Erziehungswissenschaft (Schwerpunkte Psychologie und Soziologie). Als zufrieden abstinenter / cleaner Mehrfachabhängiger ist er auch als Ehrenamtlicher Suchtkrankenhelfer aktiv.

Er arbeitete in der Offenen Kinder- und Jugendarbeit, als Sozialfachkraft in einem Sozialamt und mehrere Jahre als Fallmanager in einem jobcenter. Veröffentlichungen finden nur gelegentlich, aber seit etlichen Jahren statt, zum Beispiel Glossen, Storys, Lyrik (u.a. im Heyne-Verlag) und zu Sachthemen (Suchtbereich, jobcenter-Krimi).

Interessen sind Interkulturelles, Flüchtlingshilfe, social media, Blogs, websites und die VR (Virtual Reality) insbesondere die unkommerzielle Verbreitung von Literatur und die Förderung gemeinnütziger Aktionen in Second Life. Sein Avatarname dort ist BukTom Bloch.

Tomm-Bub sieht sich nicht im klassischen Sinne als Verfasser dieses Handbuches: "Ohne die Unterstützung von etlichen Menschen im Netz wäre dieses Buch nicht möglich gewesen!"

VORWORT

"Handbuch Widerstand-gegen Hartz IV"
HARTZ IV MUSS WEG!

Das System Hartz IV, beziehungsweise Arbeitslosengeld II, ist auf eine traurige und ethisch sehr bedenkliche Weise gescheitert! Jedenfalls dann, wenn wir die Maßstäbe von Gerechtigkeit und Menschlichkeit anlegen. Und das sollten und müssen wir tun! Es ist gescheitert, es war von Anfang an mit ethischen Mängeln und Denkfehlern behaftet und es wurde im Laufe der Jahre immer weiter und mit Wucht "vor die Wand gefahren" -zum Schaden von uns Allen!

Nachdem nun verschiedene Aspekte des Themas in fachkundigen Bücher bereits erläutert wurden, denken wir, dass es an der Zeit ist, ein verständliches Handbuch für den Widerstand zu erstellen.
Das Projekt ist unkommerziell.

Die Stimmen vieler Tausend direkt Betroffener und Geschädigter verhallte ungehört.
Und ebenso auch diese:

Norbert Wiersbin setzte sich mit dem Thema unter dem Titel
"Das Hartz-Desaster / Auf dem Weg in den Unrechtsstaat" auseinander.

Peter Hetzler steuerte "Hartz 5-Ein Hartz IV-Roman" bei.

Und Inge Hannemann schließlich konstatierte die "Die Hartz-IV-Diktatur".

Ein "jobcenter-Krimi" wurde von mir selbst aufgelegt.
Burkhard Tomm-Bub: "Geringe Mitnahme-Effekte! Ein jobcenter-Krimi"

Im Bereich des SGB II-Rechts machte sich Harald Thomé sehr verdient.

Inge Hannemann hat in ihrem Buch aus dem Alltag in den jobcentern berichtet. Ich kann dem nicht viel hinzu fügen -jedoch aus meiner persönlichen Erfahrung heraus alles in ganz ähnlicher Weise bestätigen!

Nun also ein Handbuch. Mit diesem Handbuch soll kein Geld verdient werden. Es soll statt dessen konkrete Hinweise und Tipps geben, dabei möglichst prägnant und verständlich sein, ohne dabei aber unsolide oder unseriös daher zu kommen. Eine breitest mögliche Verteilung als eBook, zum download in allen möglichen Formaten, ggf. auch gedruckt zum Selbstkostenpreis ist beabsichtigt. Evtl. Gewinne werden an Erwerbslosen-Initiativen gespendet.

Die Namen derer die mitgemacht haben, wurden je nach Wunsch als Pseudonym, als Klarname, oder auch gar nicht genannt.

Mit freundlichen Grüßen
Burkhard Tomm-Bub, M.A.
Ex-Fallmanager in einem jobcenter im Winter 2015

Inhaltsverzeichnis
"Handbuch Widerstand-gegen Hartz IV!"

4. Blogartikel zu Stichworten (42)

ALG II- "Kundengruppen", Streichung der Sanktionen im Hartz IV- ein Freibrief für Faule?, "Niemand ist schließlich gezwungen im jobcenter zu arbeiten!", Hartz IV: Mehr "Drückeberger"! Mehr "bequem-Einrichter"!, ZEITARBEIT, Bedingungsloses Grundeinkommen (BGE), (Nazi-) Sprache / Vergleiche, #Bundestag #Bundestagssitzung #Volksveralberung #ArbeitNeinDanke, Verschwörungstheorien (VT) und Co.

5. Kleines Lexikon (67)

ALG II, ARGE, AV, BA, Bedarfsgemeinschaft (BG), EV oder EGV, FM (FallmanagerIn), Gutscheine, Hartz IV, Jobcenter, KdU, Klage, LSB, Optionskommune, Petition, Regelsatz, Sanktionen, SB, Schonvermögen, SGB II, Sozialgericht, Umzug, Vorrangige Leistungen, Wichtiger Grund, Widerspruch, Wohngeld.

6. Informationsquellen / Links / Adressen / Bücher (75)

Tageszeitungen, kostenlose Wochenblätter, einige Illustrierte, die örtliche Stadtbibliothek, das Internet allgemein, verschiedene Beratungsstellen und das jobcenter selbst; Links: Blogs, Foren und andere, jobcenter / Arbeitsamt; Adressen: Sozialverbände, karitative Institutionen, Gewerkschaften, Parteien; Politik und Bundesagentur für Arbeit (inklusive jobcenter und deren Regionaldirektionen); Bücher: N. Wirsbin, P. Hetzler, I. Hannemann, B. Tomm-Bub, H. Thomé, C. Butterwegge.

7. Sehr witzig... (86)

Arbeitsvermittlung (Radio Eriwan), Bienenfleißig, Erfolgreich vermittelt!, Fachpersonal, Finaler Vermerk, Gehaltsvorstellung, Internes Belohnungssystem (Radio Eriwan), Jobcenter-Kurzwitz, Mitarbeiterqualifizierung, Politische Unterstützung, Prioritäten, Realwirtschaft, Simulanten-Empörung, Sinnvolle Investitionen (Radio Eriwan), Soziale Hängematte (Radio Eriwan), Traumjob, Verbesserungen, Verhältniszahlen, Vermittlungsrekord! (Radio Eriwan), Wahre Märchen, Zwingende Voraussetzung.

Disclaimer (91)

Disclaimer allgemein, Link-Haftung, Disclaimer persönlich, Stand 11/2015.

Dank / Impressum (92)

NACHBEMERKUNG

Das voraus gehende Inhaltsverzeichnis nennt nicht nur die einzelnen Kapitelüberschriften. Es werden auch jeweils Stichworte zum Kapitelinhalt gegeben. Dies in der Reihenfolge des Auftretens -und in der originalen Schreibweise, wie später im Text! Das mag zum Teil unorthodox oder eigenwillig wirken -jedoch erlaubt es das schnellere Auffinden von gesuchten Inhalten und Unterthemen.

1. "W-Fragen"

Wer, wie, was, wieso, weshalb, warum....
-Wer sich nicht **wehrt**, bleibt stumm!
Tausend üble Sachen, die gibt es überall zu seh'n,
oft muss man sich wehren,
-um zu widersteh'n!
Hier sollen zunächst noch kurz einige Fragen zum "Wieso, weshalb, warum" geklärt werden.

Warum gibt es dieses Buch?
Das System Hartz IV, beziehungsweise Arbeitslosengeld II, ist auf eine traurige und ethisch sehr bedenkliche Weise gescheitert! Jedenfalls dann, wenn wir die Maßstäbe von Gerechtigkeit und Menschlichkeit anlegen. Und das sollten und müssen wir tun!
Es ist gescheitert, es war von Anfang an mit ethischen Mängeln und Denkfehlern behaftet und es wurde im Laufe der Jahre immer weiter und mit Wucht "vor die Wand gefahren" -zum Schaden von uns Allen!
Das zugrunde liegende Gesetz ist das Sozialgesetzbuch Nummer II (SGB II).
Dieses ist - vorsichtig ausgedrückt - verfassungsrechtlich zweifelhaft.
In jedem Falle bewirkt es Armut, Ungerechtigkeit, schlechten Lohn und schlechte Arbeitsbedingungen bei NiedriglöhnerInnen, Verschwendung von Steuergeldern und Abstiegsängste bei der Mittelschicht.
Und: noch mehr Profit bei Firmen, Banken und Unternehmen.

Welche Verschlimmerungen entstanden durch Hartz IV?
Das SGB II trat am 01.01.2005 in Kraft, im Rahmen der Agenda 2010.
Viele haben den Paradigmenwechsel, die entscheidende Verschlechterung bis heute nicht realisiert.
Der Staat ist Diener der Bevölkerung. Aber er hilft nun nicht mehr den Menschen die **bedürftig** sind -sondern nun **nur** noch denjenigen, die dazu auch "mitwirkungsbereit" sind. Welche Not vorliegt: ist egal!
Auch im alten Sozialhilfegesetz gab es Kürzungen. 25%, maximal 30%. Die konnten auch jederzeit wieder zurück genommen werden. Das gibt es nicht mehr!
Dafür Kürzungen für drei Monate, in Ausnahmefällen sechs Wochen. Und: es kann gekürzt werden um 10%, um 30%, um 60% und um 100%! Danach: kommt nichts mehr.

Was wird in diesem Buch geboten?
Ein Handbuch, das helfen soll, Widerstand gegen Hartz IV zu leisten.
Dies bedeutet zunächst einmal möglichst alle Rechte in Anspruch zu nehmen, die man (noch) hat.
Es bedeutet auch, mögliche Strafen und Sanktionen zu vermeiden.
Auch beim Widerstand im eigentlichen Sinne soll es Hilfen geben.
Allein, gemeinsam, mit Verbündeten, öffentlich.
Auf so vielen Ebenen wie nur irgend möglich.

Wo sind wir eigentlich?
In Deutschland. Einem Land, das weit oben in der Liste der Top Ten steht, was den Reichtum der ca. 200 Staaten dieser Erde betrifft.
Dieses Land hat keine Reichensteuer, keine Spekulationssteuer.
Aber es hat Dinge wie BER, Stuttgart 21, Luxusbischöfe, "Schokoladengewehre" (G 36),

bei Fertigstellung bereits unbrauchbare Drohnen, Milliarden für Bankenrettungen, eine überbordende Bürokratie, ungebremste Steuerflüchtlinge, Spitzengehälter für Politiker und Manager, inklusive millionenschwerer Abfindungen / Pensionen für Versager und Betrüger aus diesen Bereichen.
Was aber geschieht? NiedriglöhnerInnen werden gegen ALG II-EmpfängerInnen aufgehetzt, die Bevölkerung gegen Kriegsflüchtlinge, die Mittelschicht massiv in die Angst vor dem sozialen Abstieg getrieben.
Es ist genug für **Alle** da. Es ist nur in den falschen Händen.
Hartz IV muss weg!

Wer sollte Widerstand leisten?
Jeder und Jede, der oder die betroffen ist!
Und: das sind wir Alle!
Die ALG II-EmpfängerInnen, die unter Armut und Sanktionsdrohungen leben.
Die NiedriglöhnerInnen, die in Angst versetzt werden, "in Hartz IV zu rutschen".
Die Mittelschicht, die ebenfalls geängstigt wird und deren Steuergelder durch den Sanktionsapparat, unsinnige Maßnahmen, Geschenke und Prämien an Firmen, überbordende EDV-Dokumentation, sowie sinnlose Bürokratie und vieles mehr verschleudert werden.
Die MitarbeiterInnen in den jobcentern- denn sie wissen oder ahnen zumindest, dass ihr Tun verfassungsmäßig fragwürdig, nicht logisch oder zielführend und nicht human und sozial ist.
Die Menschen, denen Ihr Glaube, sei es der an eine Religion, das Grundgesetz, oder schlicht an die Menschlichkeit noch etwas wert ist, die diesen ernst nehmen.
Ein jeder, der sich im Spiegel in die Augen schauen möchte, ohne beschämt den Kopf senken zu müssen.

Wann sollten wir alle Widerstand leisten?
Natürlich: Jetzt!
Jetzt und in Zukunft und unter Erinnerung an hilfreiches aus der Vergangenheit.

Wie soll der Widerstand aussehen?
Er sollte friedlich, entschlossen, geduldig, nachhaltig, kreativ und auf vielen Ebenen statt finden.
Allein und solidarisch mit einigen oder vielen. Zusammenarbeit und Kooperationen können vieles verbessern, erleichtern -und wesentlich schlagkräftiger machen.
Konkretes dazu findet sich im Buch.
Aufrufe zur gewaltsamen Revolution, Anleitungen zur Sachbeschädigung und ähnliches wird man hier allerdings vergeblich suchen.
Derlei wird aus mehreren Gründen als nicht richtig und nicht zielführend angesehen.
Blinde Wut ist nicht besser als (bequeme) Resignation.
Ein langer, kalter Zorn aber -kann eine Kraftquelle sein.

Weshalb sollten wir alle Widerstand leisten?
Um Ungerechtigkeit zu beseitigen, um eigenes Leid zu mindern und um Anderen Hilfe zur Selbsthilfe anzubieten, wenn sie diese wollen.
Deutschland ist (Stand 2015) auf Platz Nummer 6 von ca. 200 auf dieser Erde, was den Wohlstand betrifft. Es ist genug für **Alle** da.
Für Arme, Obdachlose, für alte Menschen, für die Pflege und für Flüchtlinge.
Und eben für eine sanktionsfreie, unantastbare Mindestsicherung, ein Bedingungsloses Grundeinkommen (BGE).

Wozu das alles?
Gibt es denn überhaupt Aussicht auf Erfolg? Wurde nicht so viel schon vergeblich versucht?
Ich weiß es nicht!
Ich weiß nur: wenn wir uns selbst aufgeben -ist alles verloren.
Garantien: gibt es nicht. Aber es gibt den Glauben, das Wissen, dass man etwas richtiges, gutes und sinnvolles tut!
Braucht es denn wirklich noch mehr? Vielleicht können wir ja die Welt nicht ändern -aber wir können verhindern, dass sie **uns** ändert!
Das Sein liegt im Tun! Der Erfolg im nicht aufgeben!
In diesem Sinne -zähle ich auf uns.

Wogegen leisten wir Widerstand?
Widerstand leisten wir gegen Hartz IV / ALG II.
Widerstand leisten wir gegen das SGB II.
Widerstand leisten wir gegen die Parteien, die dieses Gesetz beschlossen haben.
Widerstand leisten wir gegen eine Regierung, die dieses Gesetz nicht abschafft.

Wofür leisten wir Widerstand, wofür kämpfen wir?
Für ein Grundgesetz, welches die Würde des Menschen unwiderruflich als unantastbar erklärt!
Für Solidarität und Mitmenschlichkeit.
Für ein freies, selbstbestimmtes, gutes Leben für Alle!

2. Tipps für den Widerstand

2.1 Vor der (rechtzeitigen!) Antragstellung

+ Es gibt ein gewisses Schonvermögen, eine Art Freibetrag, der bei der Berechnung eines Anspruches **nicht** angerechnet wird.
Vor Antragstellung sollte man also dringend prüfen, ob noch mehr als die aktuell "erlaubte" Summe vorhanden ist.
Aktueller Stand dafür ist Ende 2015 ein Mindestbetrag von etwa 3850,- Euro pro Person.
Die exakten Regelungen sind aber sehr speziell: informieren Sie sich genauer im Gesetzbuch (SGB II), im Internet und auch durch direkte Nachfrage im jobcenter **vorab** über die für Sie speziell zutreffende Summe! (Siehe auch unter dem Stichwort "Schonvermögen im Kapitel "Lexikon" dieses Buches.)
Zur Ermittlung des Bedarfes wird nicht nur das jeweils eigene Einkommen berücksichtigt,sondern auch das Vermögen (Ersparnisse, Häuser, Aktien, kapitalbildende Versicherungen, Geldanlagen, Wertgegenstände) und auch das Einkommen der so genannten Bedarfsgemeinschaft. Zur Bedarfsgemeinschaft zählen Lebenspartner, Ehefrau oder Ehemann, Eltern und Kinder sowie auch die Stiefkinder im selben Haushalt.

+ Falls tatsächlich noch mehr Geld vorhanden ist: möglichst alle alten Schulden bezahlen!
Bei der Prüfung der Vermögensverhältnisse berücksichtigt das jobcenter nämlich nur Guthaben, nicht aber die Schulden. Wer also bei Abgabe des Antrags mehr Geld als den geschützten Freibetrag besitzt und zugleich Schulden hat, verliert doppelt. Denn er muss zunächst das Geld für seinen Lebensunterhalt verbrauchen, das er eigentlich zum Schuldentilgen hätte verwenden könnte.

+ Falls noch immer "zuviel" Geld vorhanden ist: in möglichst langlebige Wirtschaftsgüter / Dienstleistungen investieren, z.b. Kühltruhe, nötige Renovierungen, Herd, o.ä.
Wertobjekte, wie zum Beispiel teure Gemälde, hochwertiger Schmuck und ähnliches sind dagegen nicht zu empfehlen, da hier eventuell ein Verkauf verlangt werden kann.

+ Vorsorgeverträge / -Klauseln ändern!
Bei Lebensversicherung lässt sich ebenfalls Geld sichern. Nach dem SGB II, Paragraf 12 (2) ist ein besonderer Freibetrag für die Altersvorsorge vorgesehen- erfragen Sie deren exakte Gesamthöhe bitte zeitnah und aktuell! Diesen Freibetrag gibt es aber nur, wenn sichergestellt ist, dass das Geld nicht vor dem Rentenalter ausgezahlt werden kann. Herkömmliche Policen erfüllen diese Voraussetzung normaler Weise nicht, sie können vorzeitig zurückgekauft oder aufgelöst werden.
Verträge mit Versicherern sollten also **vor** Antragstellung abgeändert werden. Eine Klausel, die einen Verwertungsausschluss bis zur Freibetragshöhe vorsieht, räumen inzwischen etliche Gesellschaften ein.
Einige Ratgeber empfehlen übrigens auch Verträge nach dem Riester-Modell, denn die Ersparnisse daraus seien auch anrechnungsfrei.

+ Wer bereits vor Eintritt der Notlage / Arbeitslosigkeit weiß, dass diese auf ihn zukommt: der Arbeitsagentur / dem jobcenter **sofort** nachweisbar schriftlich darüber Bescheid geben. Dies kann sonst finanzielle Nachteile bewirken. Also **nicht** bis zum ersten Tag der Arbeitslosigkeit warten.

+ **Nie** auf "Aufhebungsverträge", o.ä. beim Arbeitgeber einlassen -immer kündigen lassen. Sonst sind Sie "mitschuldig" an Ihrer Notlage. Was finanzielle Strafen nach sich zieht.

2.2 Vor Ort im jobcenter

GUT ZU WISSEN:
Wer kann mit Aussicht auf Erfolg einen Antrag auf Hartz IV / ALG II stellen?
-Erwerbslose, die keinen Anspruch mehr auf das Arbeitslosengeld I haben.
-Alle Selbstständige deren Einkommen nicht mehr ausreicht, um das Existenzminimum zu sichern und deren Betrieb "pleite" gegangen ist.
-Menschen deren Unterhaltsbezug nach einer Trennung oder Scheidung nicht (mehr) zur Lebenssicherung ausreicht.
-Menschen, die zuvor keinen Anspruch auf das ALG I hatten und über kein Einkommen verfügen.
-Zusätzliche Hartz-IV Leistungen können Erwerbstätige beantragen, wenn das Einkommen zur Sicherung des Existenzminimum nicht (mehr) ausreicht.
-Anspruch auf Arbeitslosengeld II haben alle Menschen die mindestens 15 Jahre alt sind bis hin zum gesetzlichen Rentenalter.
-Voraussetzung ist, dass man grundsätzlich mindestens drei Stunden pro Tag erwerbsfähig ist und seinen Wohnsitz in Deutschland hat (§7, § 7a SGB II).
-Menschen, die weniger oder keine Arbeit verrichten können, erhalten Sozialhilfe.
-Einen Anspruch auf Sozialhilfe haben Erwerbsunfähige auf Zeit, Menschen im Vorruhestand mit zu niedriger Rente, längerfristig erkrankte Menschen, sowie hilfebedürftige Kinder mit selbst nicht hilfebedürftigen Eltern.

+ Antrag rechtzeitig abgeben. Das heißt: sobald die Notlage / Arbeitslosigkeit eintritt. Gezahlt wird erst ab dem Tag der Antragstellung!

+ Ein Antrag sollte möglichst vollständig und richtig ausgefüllt sein. Im Zweifel sollte man jedoch keine falschen Angaben machen. Mit seiner Unterschrift erklärt man verbindlich, dass alles wahrheitsgemäß und richtig ist. Die jobcenter sind verpflichtet, beim Ausfüllen zu beraten.

+ Nicht "vertrösten" / verschieben lassen! Geldzahlungen erfolgen rückwirkend erst frühestens ab Datum der Antragstellung. Notfalls muss ein Antrag auch unvollständig und trotz fehlender Unterlagen abgegeben (und entgegen genommen) werden. Unterlagen fehlen häufig, das ist also nichts besonderes.

GUT ZU WISSEN:
Bei Geldern die man erhält, z.b. letztes Gehalt, letzte Bafögzahlung, erster neuer Lohn, etc. ist immer der **Zuflussmonat** entscheidend für die Anrechnung!
Es ist also vollkommen egal, wann der Anspruch darauf entstand, für welche Arbeitsleistung das Geld gezahlt wird, usw.

+ Es ist **immer** richtig und wichtig, nicht allein zu jobcenter-Terminen zu gehen. Hierauf besteht ein gesetzliches Recht. Das Gesetz, nämlich der § 13 SGB X (4), spricht hier von einem so genannten Beistand. Es ist unerheblich, wer das ist. Von Verwandten ist aber möglichst abzuraten -diesen kann im Ernstfall "Parteilichkeit" unterstellt werden. Freunde, Bekannte, MitarbeiterInnen von Beratungsstellen, andere Betroffen, u.ä. bieten sich hier an. Ist dies absolut nicht möglich, sollte aber ruhig auch jemand von der Familie mit gehen: dies ist noch immer besser als allein.

+ Präzise Notizen machen. Es mag auch heute noch Fallmanager / Sachbearbeiter geben, die von sich aus das Ergebnisprotokoll jedes Gespräches am Ende aushändigen, bevor sie es abspeichern. Verlassen sollte man sich aber nicht darauf. Bei eigenen Mitschriften (oder durch den Beistand) ist es wichtig exakt festzuhalten, wer, wann, wo und wie lange im Gespräch miteinander war. Und natürlich die konkreten Inhalte. Zwischendurch nachzufragen: "Kann ich mir das also soundso notieren?" ist durchaus hilfreich. Sollte die Mitschrift in dieser Form aus irgendeinem Grund nicht möglich sein: unbedingt **sofort** danach ein Gedächtnisprotokoll anfertigen, am besten noch im Gebäude die ersten Notizen dazu machen!

GUT ZU WISSEN: Sie können Angaben, die Sie machen zum Beweismittel erheben. Dies durch eine schriftliche "Versicherung an Eides Statt". Aber: tun Sie dies wirklich NUR wenn es der Wahrheit entspricht und Sie ganz sicher sind. Kann man Ihnen später das Gegenteil beweisen, erfolgt in der Regel eine Gefängnisstrafe. Mit diesem Mittel "spielt" man also nicht!

+ Beschwerdemöglichkeiten sind: formlose schriftliche Petition, Widerspruch, Klage beim Sozialgericht. Gelegentlich hilft auch ein Brief an die Teamleitung mit Durchschlag an die Geschäftsführung, oder ein begleiteter Termin dort. Ein Brief / Durchschlag an die Regionaldirektion und "an Nürnberg", ist im Einzelfall auch überlegenswert. Insbesondere die Rolle der jeweils zuständigen Regionaldirektion würde ich nicht unterschätzen. Diese spielen in der Öffentlichkeit zumeist eine eher unauffällige Rolle. Meiner subjektiven Einschätzung nach ist aber in den ja übergeordneten Direktionen keineswegs alles bekannt, was sich im jeweiligen jobcenter vor Ort so alles "abspielt". Einiges ist "eigentlich" bekannt, aber man möchte es nicht wirklich zur Kenntnis nehmen und nicht sehen. Hier Beobachtungen und Fakten zu sammeln und dann ein "Dreierpack", sprich ein Schreiben mit zwei "Durchschlägen" per Einschreiben an die Geschäftsführung des jobcenters, die zuständige Regionaldirektion und an die BA-Zentrale nach Nürnberg zu schicken... Das kann dann schon mal helfen...!
(Siehe hierzu auch unter: " 4. Stichworte / Kleines Lexikon")

2.3 Bei Maßnahmen

Maßnahmeträgern in die Suppe spucken? Legale Tipps und Ideen.

Vielleicht helfen die nachstehenden, legalen und praxisorientierten Vorschläge ja dem einen oder anderen Zwangsvermaßnahmten.
Selbstwertgefühl, "kaltes Blut" und Sorgfalt sind hier allerdings anzuraten.

Law and Order

Ordnung muss sein, Recht und Gesetz müssen eingehalten werden.
Da bilden auch "Bildungs-Institute" keine Ausnahme.
Und doch verstoßen gerade diese häufig gegen die unterschiedlichsten Vorschriften.
Exemplarisch zu benennen wären da die Bildschirmverordnung, das Arbeitsschutzgesetz, Arbeitsstättenrichtlinie, Urheberschutz ect.

Fangen wir mit den Unterrichtsräumen an...

+ Sind die Fluchtwege gekennzeichnet?
+ Sind die Feuerlöscher aktuellen Datums (letztes Kontrolldatum)?
+ Wer ist in deren Handhabung unterrichtet?
+ Ist klar erkennbar ("schwarzes Brett"), wer im Notfall der Ersthelfer ist?

Wenn nein, interessiert dieser Umstand mit Sicherheit die **Feuerwehr** und die **Berufsgenossenschaft!** Notieren / dokumentieren und melden, was sonst?

Wo kämen wir denn da hin, wenn deutsche Regeln einfach so missachtet würden, also ehrlich ...

Der "Arbeits"platz...

...besteht in erster Linie aus Tisch, Stuhl und Computer. Und für die geschäftliche Nutzung dieser Gegenstände gibt es natürlich jede Menge Verordnungen.
Die sollen doch – auch von "Bildungs"trägern – bitteschön eingehalten werden.

Raum ist in der kleinsten Hütte? Nein!

Den Arbeitsplatz am PC abmessen. Muss laut Arbeitsplatzverordnung min. 90 cm pro Arbeitsplatz betragen. Wenn man mal keinen Meterstab zur Hand hat: einfach 3 DIN A4-Blätter aus dem Drucker oder Kopierer der Länge nach hinlegen – ein Blatt hat 29,7 cm macht also zusammen bisserl unter 90 cm. Die meisten Bildungsträger "sparen" sich den Platz und setzen meist nur 140 oder 160 cm Tische für 2 Arbeitsplätze ein.
In den Ausschreibungsunterlagen jedoch verpflichten sie sich, die Arbeitsplatzverordnung einzuhalten...
Stolperfallen wie offen herumliegende / verlegte Kabel, Teppiche mit Beulen? Auch ein Verstoß gegen die Arbeitssicherheit...

Ganz viel Information zum Thema Arbeitsstättenverordnung hier:
http://www.arbeitssicherheit.de/de/html/library/overview

Klappstühle oder billigste Stapelstühle, um 8 Stunden in der Maßnahme zu sitzen? Unzulässig! Hier wird die Arbeitsstättenverordnung missachtet.

Die VBG (Verwaltungsberufsgenossenschaft) ist hier zwingend zu informieren
https://www.vbg.de/apl/gv/arbstaettv/2.htm

Computer:

Raubkopien sind verboten, das weiß nun wirklich jeder.
Wirklich jeder? Ich fürchte, nein.
Da macht es doch Sinn, dem Maßnahmeträger unter Umständen zu mehr Gesetzeskonformität verhelfen zu können, nicht wahr?
So lässt sich rasch überprüfen, ob die diversen Rechner lizenzierte Versionen für MS-Programme wie Windows haben.
Ein Windows Produkt ist nur für einen einzelnen Rechner gedacht – will man mehrere Computer mit Windows ausstatten so muss man eine Mehrfachlizenz erwerben. Ist diese nicht vorhanden hat man illegal ein Produkt vervielfältigt und genutzt.

Überprüfen, wenn man am Maßnahmerechner sitzt, hier:
http://www.microsoft.com/genuine/validate/ und bei Lizenzverstößen melden...

Wenn man schon dabei ist MS-Produkte zu kontrollieren, kann man sich auch gleich die restliche Software anschauen. So ist z.B. die allseits beliebte Antivirensoftware Avira Antivirus Free in der Gratisversion nur für Privatpersonen zulässig. Dies gilt auch für andere Freeware-Produkte. Möglicherweise würden sich die Hersteller über Missbrauch Informationen freuen.

Geht auch ganz einfach: Avira starten->Hilfe->Über Avira Free Antivirus->Lizenzinformationen

Sammeladressen für Meldungen zu illegaler Software:
http://ww2.bsa.org/country.aspx?sc_lang=de-DE
und evtl. auch
http://www.gvu.de/

Arbeitsblätter sind...

...möglicherweise auch rechtswidrig erstellt worden.
Vom Umgang mit ausgehändigten Arbeitsblättern: Ein weit verbreiteter Irrglaube ist, dass mit dem Erwerb eines Fotokopierers und der im Preis enthaltenen Urheberrechtsabgabe alles kopiert werden darf. Falsch! Auch beim Erwerb einer CD-ROM geht ein Teil des Kaufpreises als Urheberrechtsabgabe an Verwertungs-und Vermarktungsverbände. Dennoch darf nichts kopiert werden, was ausdrücklich untersagt ist. Genauso verhält es sich mit dem geschriebenen Wort und dem Fotokopierer.

Was in Schulen schon seit Jahren praktiziert wird, findet auch bei den Maßnahmen statt.

Es wird ein Exemplar eines Arbeitsheftes gekauft und dann daraus fleißig Arbeitsblätter für die Teilnehmer kopiert.

Nun muss man nur noch wissen, von welchem Verlag und vielleicht sogar noch von welchem Buch die Kopie stammt. Damit man dem Verlag ordnungsgemäß den Verstoß melden kann. Hier ist allerdings etwas Phantasie und vor allem Internet gefragt. Oft befindet sich in der Kopf-oder Fußzeile ein Hinweis in Form eines Kürzels o.ä. Ein Blick auf den Schreibtisch des Referenten (nichts anfassen!) ist auch informativ, denn oft halten sie das Original in Händen, während die Kopien durch gereicht werden. Weit verbreitet sind beispielsweise die Arbeitshefte aus dem Haus „Verlag an der Ruhr". Der Verlag legt umfangreiches Material zum Bewerbungstraining auf. Günstigerweise versieht er auch seine Arbeitsblätter immer links innen mit Copyrightvermerk und Verlagsanschrift. Auf jedem Blatt in kleiner Schrift links unten nach oben. Das Kopieren aus den Arbeitsheften ist nicht erlaubt. Ziel des Verlages ist es, jeden einer Arbeitsgruppe mit solch einem Heft auszustatten.

GEZ – Nachfolge und GEMA

Computer sind anmeldepflichtig, ebenso das Radio im Büro der Geschäftsleitung.Ob jedes Gerät des Maßnahmeträgers angemeldet wurde? Das kann doch gewiss gerne die GEZ erfragen, wenn man sie freundlich über möglicherweise illegal betriebene Unterhaltungselektronik informiert...
Und sollte – wie in manch Sozialkaufhaus – eine leise Musikbeschallung erfolgen, müssen hierfür GEMA-Gebühren entrichtet werden...

Denunziantentum?

Nein! Die hier vorgebrachten Vorschläge erachte ich nicht als "petzen", denunzieren oder Ähnliches. Und nein, ich habe keinerlei schlechtes Gewissen dabei, den (oftmals) untauglichen Maßnahmeträgern gründlichst in die Suppe spucken zu wollen. Den Herrschaften, die sich als verlängerten Arm der Jobcenter verstehen, geht es um Gewinn. Das ist zunächst legitim, denn es sind privatwirtschaftliche Betriebe und wir leben nun einmal im Kapitalismus. Sie wollen verdienen, sie sollen auch verdienen... wenn sie es denn verdienen...

Da sich ein Großteil der Maßnahmeträger dem kapitalistischen Prinzip des "um jeden Preis" aber dergestalt unterwirft, dass selbst vor menschenverachtender Praxis nicht zurückgeschreckt wird – angeblich gehorcht man ja nur dem Gesetz/hier: SGB II – indem die Zwangszugewiesenen bei der geringsten "Verfehlung" (die de facto selten wirklich welche sind und wohl wissend um die Sanktionen!) dem Jobcenter gemeldet werden, ist diese Art der Gegenwehr genauso legitim. Quit pro quo.

Meldungen dieser Art können auch über den Fallmanager / Sachbearbeiter des jobcenters gemacht werden (nachhaken!), oder privat mit Namen, anonym oder über eine dritte Person erfolgen -je nachdem was geeigneter erscheint!

2.4 Bei Formalitäten

GUT ZU WISSEN:
Stets die Form wahren, formal und inhaltlich ist auch hier wichtig. Zur Not, oder wenn Eile geboten ist, tut es aber auch ein "Zettel", bzw. kann man auch manche Dinge mündlich "zur Niederschrift" fixieren. Dies sollte aber dokumentiert werden, Begleitung ist dabei immer gut.
Eine "ordentliche Form" sollte man dann aber baldmöglichst nachreichen. Nicht jeder kann alles gleich gut: es ist absolut keine Schande, sich dabei helfen zu lassen!
Im jobcenter zählt real **nur** die Schriftform. Und: man sollte stets nachweisen können, das man hier aktiv war. Ob man Boshaftigkeit oder Organisationsgröße und Überlastung als Grund unterstellt, bleibt letztlich egal: manches verschwindet, oder taucht erst viel später wieder auf. Dem gilt es zu begegnen. Beweispflichtig sind im Zweifel Sie, leider.

+ Möglichst nichts sollte im Original heraus gegeben werden. Anschauen: Ja. Anfassen (und erst mal behalten): Nein. Ist es völlig unumgänglich, sollte man selbst zumindest noch eine Kopie davon haben und sich die vorüber gehende Abgabe auch mit Datum bestätigen lassen.

+ Möglichst nur **Kopien** einreichen! Das Original sollte man ruhig mitnehmen, zum Vergleich, oder aber beglaubigte Kopien einreichen. Letzteres verursacht jedoch natürlich Arbeit und Kosten.

+ Stets eine Abgabebestätigungen ausstellen lassen! Die kann man selbst schriftlich vorbereiten, oder eine **weitere** Kopie mitnehmen, auf dem das Datum der Abgabe, sowie der Name der Person, die das Schriftstück entgegen nimmt, vermerkt werden.

+ Einschreiben! Bei notwendigen Briefen an das jobcenter sollte immer eine postalische Form gewählt werden, die im Nachhinein beweisbar ist.
Nur im Notfall auch einmal unter Zeugen einen Brief in den Briefkasten des jobcenters werfen, eine Kopie davon behalten und die Zeugen schriftlich Datum und Uhrzeit des Einwurfes bestätigen lassen. Werden Fristen angeblich versäumt, kann dies sehr unangenehme und teure Folgen haben.

+ Eingliederungsvereinbarung (EGV)- sind ein weites Feld und ein umfassendes Thema. Die MitarbeiterInnen im Fallmanagement stehen unter großem Druck, stets einen sehr hohen Prozentsatz aktiver, gültiger EGV vorzuhalten. So wird fast jedeR damit konfrontiert. Auch bei der Besprechung einer EGV sollte unbedingt ein Beistand mit dabei sein. Höflich, aber bestimmt sollte man darauf bestehen, eine Bedenkzeit zu bekommen, das heißt man sollte das Schriftstücke für einige Tage mitnehmen können. Vielfach wird auch empfohlen, (dennoch) **nicht** zu unterschreiben. Eine Sanktion kann allein deshalb **nicht** ausgesprochen werden. Der Vorteil: man bekommt die EGV anschließend zugesandt, ohne eigene Unterschrift und zum Verwaltungsakt erklärt. Das hat den Vorteil, dass man in diesem Falle per Widerspruch und Klage dagegen vorgehen kann- im anderen Falle dagegen in der Regel nicht, da hat man mit seiner Unterschrift ja quasi zugestimmt...
Nicht jeder Satz in diesen "Verträgen" ist übrigens persönlich zu nehmen. Etliches ist vorgegeben und steht in allen EGV. Manche überlastete FallmanagerInnen beschränken sich auch darauf, allgemeine Pflichten, die eigentlich schon in der Antragstellung genannt wurden, zu wiederholen und ein, zwei individuell klingende (!) Sätze

einzuschieben, die dazu noch relativ vage Aussagen machen. Was dann im Effekt zumeist ungefährlich ist.

+ Zuweisungen zu Maßnahmen können recht unterschiedlich aussehen. Dies ist ein Sammelbegriff für verschiedenste Dinge. Das kann ein Sprachkurs sein, ein Bewerbungstraining, ein mehr oder weniger berufsqualifizierender Kurs, mit recht vielfältigen oder langweiligen Inhalten und einiges mehr. Auch die Dauer variiert stark, von wenigen Tagen über Wochen bis hin zu Monaten.
Auch hier ist das jobcenter sehr interessiert, einmal eingekaufte Kurse auch wirklich voll zu belegen. Die Grundkosten sind immer gleich und wer hier teilnimmt, gilt in dieser Zeit nicht mehr als arbeitslos!
Leider rückt die Qualität, die Sinnhaftigkeit, die Frage, ob die jeweilige Maßnahme individuell überhaupt das richtige ist und der Aspekt der Freiwilligkeit und Eigenmotivation bei diesen Dingen immer mehr in den Hintergrund. Nur noch die Statistik zählt... Daher darf man diesen Bereich ruhig recht kritisch sehen und seine verbliebenen Rechte wahren. Manch`einem soll ja sogar die vierte Zuweisung zum selben Bewerbungstraining, oder besonders unsinnige Inhalte derart auf den Magen geschlagen sein, dass er statt zur Maßnahme erst einmal zum Arzt musste. Oder es klappte dann vor Ort dauerhaft nicht wirklich gut, ohne das man direkt ein krasses Fehlverhalten nachweisen konnte.

+ Zuweisungen zu 1,- Euro-jobs, gab es in früheren Jahren recht viele, heutzutage hat sich die Anzahl verringert. Nach wie vor gibt es diese Beschäftigungsmöglichkeiten aber. Dem Verfasser sind persönlich Konstellationen bekannt, die individuell sinnvoll waren und auch von allen Beteiligten freiwillig so gewünscht wurden. In solchen Fällen spricht wenig gegen eine Teilnahme. (Sieht man einmal davon ab, dass hier kein echtes Arbeitsverhältnis entsteht- dafür aber eben solche auf dem Ersten Arbeitsmarkt quasi vernichtet werden.)
In allen anderen Fällen gilt jedoch das, was auch schon beim Tipp "Zuweisung zu Maßnahmen" geschrieben wurde (siehe dort)!

+ Die Vorlage von Unterlagen wird oft verlangt, insbesondere bei Antragstellung, aber auch später immer wieder. In diesem Kapitel wurde indirekt schon etliches dazu gesagt. Daher hier nur noch einmal die Hinweise: möglichst fristgemäß, immer mit Datum nachweisbar (!) und komplett vorlegen. Man ist - leider - in vielen Fällen verpflichtet, dies zu tun, in einigen aber auch nicht. Hier eine Aufzählung zu versuchen, würde den Rahmen aber absolut sprengen. Bei speziellen Fragen erkundigen Sie sich bitte direkt im jobcenter, ob dies wirklich zwingend ist. Notieren Sie sichtbar, wer Ihnen das wann gesagt hat und fragen Sie ruhig: "Ich kann mir das also so und so notieren, Herr X?" Auskunft gibt es auch bei Beratungsstelle und im Internet finden sich teils seitenlange Listen, was Pflicht ist und was nicht (obwohl es versucht wird).

GUT ZU WISSEN: Unterschiedlichste Lebenslagen der betroffenen Menschen führen in der Praxis zu ungeheuer umfangreichen individuellen Ansprüchen und Pflichten. Beispiel hierfür ist der Leistungsanspruch auf ALG II für Kinder bei getrennt lebenden Eltern, Bedarfsgemeinschaften in denen ein Teil der Mitglieder ALG II-Ansprüche haben, andere aber nicht, usw. Diese Fragen können nur im Einzelfall beantwortet werden, durch Nachfragen, Recherche, mit Hilfe von Beratungsstellen und Literatur, notfalls auch mit anwaltlicher Hilfe, wenn Konflikte auftauchen. Dies ist bedauerlich, aber momentan nicht zu ändern. Versuchen Sie genug Kraft, Geduld und Ausdauer aufzubauen, um Dinge dieser Art zu klären!

2.5 Zusammen mit anderen Menschen

+ Bei jedem **Termin** im jobcenter sollten Sie über einen **Beistand** verfügen, jemand sollte mitgehen. Besser ein Familienangehöriger als niemand. Besser ein Freund oder zuverlässiger Bekannter als ein Familienmitglied. Besser einE MitarbeiterIn einer Beratungsstelle, ein Geistlicher, oder sonst eine "offizielle Person" als ein Bekannter. Aber möglichst nie allein. Dies verbessert das konkrete "Beratungsklima" absolut, auch wenn es gefühlsmäßig nicht allen jobcenter-MitarbeiterInnen gleich gut gefallen wird. Ein souveränes Fallmanagement sollte aber im Stande sein, die Anwesenheit eines Beistandes als Bereicherung zu sehen. ... Und im Ernstfall: kann der Beistand ein wichtiger Zeuge sein. Auch das soll nicht verschwiegen werden: geraten Sie an eine besonders unwirsche Kraft und sind Sie selbst sehr aufgeregt- kann Sie die andere Person vor unbedachten Äußerungen oder gar Handlungen bewahren.

GUT ZU WISSEN:
Mit beleidigenden Äußerungen oder Gesten, Bedrohungen und natürlich besonders mit Sachbeschädigungen oder körperlichen Angriffen- setzen Sie sich **immer** ins Unrecht! Und mag Ihre Empörung noch so berechtigt sein. Sie verschlechtern Ihre Ausgangsbasis enorm, verschaffen sich viele Nachteile und bewirken keinerlei Änderungen in Ihrem Sinne. Kaltes Blut! Zorn- keine Wut!

+ Beratungsstellen
In vielen Städten gibt es Beratungsstellen, die auch oder sogar gezielt bei Hartz IV-Problemen helfen, informieren und unterstützen.
Mögliche Kandidaten sind hier die Arbeiter Wohlfahrt (AWO), die Caritas, die Diakonie (diese beiden in kirchlicher Trägerschaft), der Deutsche Paritätische Wohlfahrtsverband (DPWV), sowie Gewerkschaften wie zum Beispiel verdi. Parteien wie DIE LINKE bietet teilweise etwas in dieser Art an und in einigen Orten bilden sich auch "Freie Gruppen". Adressen und AnsprechpartnerInnen können Sie der Tageszeitung entnehmen, oder auch dem Telefonbuch. Am schnellsten geht es aber natürlich in der Regel auch hier wieder über das Internet.
Scheuen Sie notfalls nicht den Weg in die Nachbarstadt, wenn sich etwas für Sie passendes findet, kann dies von großem Nutzen sein. Oft können diese Gruppen auch geeignete, spezialisierte Anwälte nennen.
 Sollten Sie in einer Großstadt leben und eine gewisse Auswahl haben, empfiehlt sich natürlich beim ersten Versuch eine Organisation, der Sie nahe stehen. Zögern Sie aber, wenn Sie nicht zufrieden sind, auch nicht, es einmal anderswo zu versuchen.

+ Verwandte, Freunde und Bekannte
Gemeinschaft tut immer gut und Reden hilft! Zumindest gefühlsmäßig. Auch für den immer sinnvollen "Begleitdienst" zu Terminen beim jobcenter sind diese Menschen sehr wertvoll. Jedoch sollten Sie ein wenig vorsichtig sein, wenn jemand zu Rechtsfragen, Ansprüchen und ähnlichem, "etwas von jemandem gehört hat". Es ist zumeist kein böser Wille: aber es kann gefährlich werden, sich da fest auf eine Information zu verlassen und sogleich danach zu handeln! Prüfen Sie zumindest erst anhand mehrerer, anderer Quellen, ob die Information tatsächlich stimmt!

+ Andere Betroffen (kennen lernen, ansprechen)

Menschen, die ein ganz ähnliches Schicksal haben, können oft sehr gute BündnispartnerInnen sein. Hier kann man sich auch gut gegenseitig unterstützen, etwa in dem man gegenseitig "zum Termin mitgeht".
Beobachten Sie aber auch hier ob "die Chemie stimmt" und ob Ihre KooperationspartnerInnen wirklich überwiegend hilfreiches Verhalten zeigen. Manches mal wird es so sein, dass sich schon im Freundes- und Bekanntenkreis ebenfalls Betroffene finden. Ist dies nicht der Fall, können Sie solche aber vielleicht in realen Gruppen, oder in Gruppen und Foren im Internet finden.
Und nicht zu vergessen: vor Ort! Im jobcenter sind oft Wartezeiten erforderlich. Fassen Sie sich ein Herz und sprechen Sie andere dort wartende Menschen an. Nicht immer, aber doch zuweilen ergeben sich hier für beide Seiten nützliche Kontakte.
Ein Gleiches gilt für KollegInnen, hier also bei Maßnahmen oder 1,- Euro- Jobs, denen Sie eventuell zugewiesen werden. Tauschen Sie sich aus, bieten Sie Hilfe an- und nicht selten werden auch Sie im Gegenzug Hilfen bekommen.

+ Verbündete im Internet

Von Internet war schon mehrfach die Rede, daher hier nur noch kurz etwas dazu. Informative websites können helfen- Blogs, Foren und Fachgruppen auf Plattformen wie facebook, Google plus, seniorbook und ähnlichen ebenfalls. Bei letzteren besteht zumindest die Chance, auch Menschen zu finden, die in Ihrer räumlichen Nähe wohnen. Einige Adressen finden Sie bereits hier im Buch, selbst sollten Sie aber auch mit entsprechenden Suchbegriffen über Google, oder alternative Suchmaschinen nachforschen und recherchieren.

+ Pfarrer, Pastor, Imam, ...

Insbesondere wenn Sie gläubig sind, oder falls alle anderen Möglichkeiten vorerst nichts erbringen, kann es im Einzelfall durchaus erfolgreich sein, bei Ihrem örtlich zuständigen Pastor, Pfarrer, Imam, oder vergleichbaren Menschen ein Gespräch zu vereinbaren und um Unterstützung zu bitten.

+ Arzt / Ärztin

Viele MedizinerInnen haben heutzutage leider nicht mehr viel Zeit. Einige nehmen sich diese aber dennoch- und evtl. haben Sie ja auch einen "langjährigen Hausarzt". Vertrauen Sie sich diesem an, hinsichtlich aller gesundheitlichen Faktoren, aber auch hinsichtlich ihrer sozialen Situation. ÄrztInnen haben Schweigepflicht!
Bereiten Sie sich auf ein Gespräch dort vor, notieren Sie sich vorab auf einem Zettel Stichworte. Beim jobcenter zählt **nur** "Papier", Atteste spielen oft eine große Rolle. Seien Sie ehrlich und versuchen Sie, keinen falschen Eindruck zu erwecken. Erhalten Sie aber keine angemessene Unterstützung, denken Sie jedoch auch ruhig einmal über einen Wechsel Ihres Arztes oder Ihrer Ärztin nach!

GUT ZU WISSEN:

Bedenken Sie auch andere, hier nicht genannte Möglichkeiten. So kann es, bei bestehendem Vertrauensverhältnis, zum Beispiel auch eine Idee sein, in einem Freizeit- oder Sportverein, in dem Sie Mitglied sind, Vertraute und Verbündete zu suchen. Anspruch auf Hartz IV / ALG II zu haben ist heutzutage absolut keine Schande -und Schuld an dieser Situation haben Sie in aller Regel auch nicht. Sie haben ein absolutes Recht auf diese Unterstützung! Nur einigen hunderttausend offenen Stellen (davon viele schlecht bezahlt und mit schädlichen Arbeitsbedingungen) stehen mehrere Millionen Erwerbslose gegenüber. Wer unter diesen Bedingungen noch "Sprüche klopft", wie: Wer arbeiten will, wird auch Arbeit finden! Dem ist nicht mehr zu helfen. Fakten und Logik gehören dann ganz offensichtlich **nicht** zu seinem Horizont!

+ Zweifelnde jc- MitarbeiterInnen
Ja, auch zweifelnde und humane jobcenter- MitarbeiterInnen gibt es heute noch- wenn auch leider weniger als früher einmal (Flucht oder Vertreibung vom Arbeitsplatz sind hier die Hauptursachen). Ob Sie Ihren eigenen zuständigen SachbearbeiterInnen so weit vertrauen sollten, dass Sie sie als regelrechte Verbündete ansehen sollten, wenn diese einen guten Eindruck auf Sie machen? Das ist eine schwierige Frage. Vorsicht scheint hier nicht verkehrt.
Anders aber, wenn Sie vor Ort oder (dort teils anonym) im Internet auf andere Fachkräfte aus den jobcentern treffen. Auch in solchen Fällen ist die Preisgabe von persönlichen Details freilich nicht immer risikolos. Aber: allgemeine Fragen verschiedenster Art, die Sie betreffen, können Sie dort sicherlich nochmals stellen. Gemeint ist hier also die Überprüfung von Angaben, die Sie vor Ort bekamen, das Nachfragen, ob man Sie auch wirklich **vollständig** über alle Möglichkeiten informiert hat und ähnliches.

2.6 In der Öffentlichkeit

GUT ZU WISSEN:
Auch hier gilt: die Form wahren. Rechtschreibung, Zeichensetzung. Keine Beleidigungen und Drohungen.Keine "wilden Spekulationen", etc. ...
Egal wie empört man ist, ganz gleich, wie berechtigt das Anliegen ist- es hilft nichts, sieben Ausrufezeichen zu setzen und laut zu jammern, warum sich seit Jahren niemand um dies oder jenes kümmert etc. Das nutzt schlicht überhaupt nichts und wirkt im schlimmsten Falle lächerlich.
Satzendzeichen sind keine Rudeltiere, dasselbe gilt also auch für Fragezeichen, etc.
Das Entsetzen und die Empörung müssen in Kopf und Herz der Leserin und des Leser entstehen. Je sachlicher Verfehlungen, Unrecht, Unverschämtheiten, usw. geschildert werden, umso höher die Erfolgsaussichten dafür. Daher sollte man auch nicht zu viel interpretieren und spekulieren, auch das kann unglaubwürdig wirken und den kompletten Text unwirksamer machen.
Ganz "ohne Gefühl" muss man aber auch nicht arbeiten. Hier gibt es einen guten und nicht angreifbaren Kunstgriff: bleiben Sie "bei sich"!
Sprich, schreiben Sie nicht: "Was dieser unverschämte Sachbearbeiter mir da vor ein paar Monaten an den Kopf geschleudert hat, war total die Frechheit und zeigt, was für ein Versager er ist!!!"
Das mag zwar gut stimmen.
Viel besser aber: "Am Dienstag, den 05.08.2015 nachmittags, bei einem Gespräch im hiesigen jobcenter, bezeichnete mich der zuständige Sachbearbeiter wörtlich als `armes Hartz IV-Würstchen`, das sich mal nicht so aufregen solle, immerhin sei es ihm ja gut möglich, da auch mal die eine oder andere Sanktion auszusprechen! Das machte mich völlig fertig und meine Hände zitterten. Ich verließ dann lieber das Büro, weil ich nicht mehr wusste, wie es sonst weitergehen würde. Drei Tage später bekam ich dann einen Brief, in dem mir eine Geldkürzung angekündigt wurde, wenn ich das durch mich schuldhaft unterbrochene Gespräch nicht alsbald nachhole."

+ Leserbriefe / Mails an (über)regionale Zeitungen / Illustrierte
Lesen Sie die Regionalzeitung und schreiben Sie Leserbriefe. "Aufhänger" und Anlässe finden sich immer wieder einmal. Bringen Sie auf diese Art Ihre Themen, schlechten Erfahrungen und der Öffentlichkeit unbekannte Informationen ein.
Bei größeren Anlässen kann man dies auch bei der Zeitung des Nachbarortes und überregionalen Zeitungen / Illustrierten versuchen. Per Brief oder Email, ggf. auch bei Kommentarmöglichkeiten dieser Publikationen im Internet.

+ Leserbriefe / Mails an (über)regionale Radio- und Fernsehstationen
Gibt es bei Ihnen einen "Offenen Kanal", oder vielleicht in der nächsten Großstadt? Dort können Sie ganze Filmbeiträge erstellen und ausstrahlen lassen. Allein ist das nicht ganz leicht -aber eventuell finden Sie ja MitstreiterInnen.
Öffentliche und private Fernsehstationen kann man auch informieren. Es sollte sich dann aber schon um größere, besonders interessante oder eklatante Ereignisse / Anlässe handeln. Die Adressen erfährt man recht gut im Internet.

+ Leserbriefe / Mails an PolitikerInnen (regional/überregional)
"Leserbriefe" ist hier vielleicht nicht ganz das richtige Wort. "Potentielle WählerInnen-Briefe" träfe es vielleicht besser. Sie können hier in vielfacher Hinsicht tätig werden.
Regionale, verantwortliche PolitikerInnen können eine Zielgruppe für Proteste und Fragen hinsichtlich der Gesamtsituation sein. Und / oder in Hinsicht auf Ihre ganz

konkreten Probleme. Sympathisieren Sie mit anderen Parteien, als denen, die regional "das Sagen haben"? Dann schreiben Sie auch diese an! Beides kann man ganz ähnlich in Bezug auf Landtags- und Bundestagspolitiker handhaben.

Die Antworten kann man dann wiederum gut ins Internet setzen. Oder eben auch die Tatsache der "Nichtantwort seit".

Achtung aber, wenn im Antwortbrief oder Mail ein ausdrückliches Verbot dazu enthalten ist. Dann müssen Sie geschickt alle Namen schwärzen und Details die offensichtliche Rückschlüsse auf diese zulassen. Sie können allerdings erwähnen "... mein zuständiger Wahlkreisabgeordneter ..." wenn Sie nicht im selben Post erwähnen, wo Sie wohnen. (Das müssen und können näher interessierte Menschen dann ja an anderer Stelle nachschauen...)

+ BürgerInnensprechstunden bei regionalen PolitikerInnen nutzen
Viele LokalpolitikerInnen bieten offensiv solche Sprechstunden an. Wenn nicht, hilft ein Anruf der zuständigen Stadtverwaltung / Kreisverwaltung, um zu erfahren ob und wann solche statt finden.

Sie sollten Ihr Anliegen vortragen und sich Notizen über die Antworten machen. In Ihrem Blog oder auf facebook und Co. können Sie vorab und danach berichten. Am besten mit ein paar Fotos aufgelockert. Zwar dürfen Sie niemand gegen seinen Willen ablichten und das Bild dann veröffentlichen -aber ein "Selfie vorm (!) Haus": dagegen ist nichts einzuwenden. Weiterhin haben etliche PolitikerInnen einen Eintrag bei wikipedia -mit Foto. Rauskopieren, unten rechts in die Ecke klein: "Quelle: wikipedia" und einfügen. So fließen Informationen, so wird Transparenz hergestellt...!

+ Internetseiten, -Gruppen & Foren (und / oder eigene gründen, auch yt nutzen)
Das Internet ist insgesamt ein großes und verbreitetes Medium. Zu vielen Dingen, auch zu Hartz IV findet man zahlreiche websites und Blogs. Oft auch Foren, über die man sich informieren und in denen man mitdiskutieren kann. Die Ausrichtungen sind hier durchaus unterschiedlich. Vergleichen Sie!

In den "social media", sprich insbesondere bei Diensten wie facebook, Google plus, seniorbook, usw. gibt es etliche Themengruppen. Werden Sie hier Mitglied, erleben und zeigen Sie Solidarität, oft gibt es dort auch ganz konkrete Hilfen.

Wenn Sie ein wenig erfahren sind, können Sie auch eine eigene website oder ein eigenes Blog anlegen, das geht in einfacher Form auch kostenlos, so etwa bei wordpress oder "Blogger.com".

Bewerben können Sie dies dann wiederum in Foren, über Ihren facebook-Account, usw. und insbesondere auch über den Kurznachrichtendienst twitter (ebenfalls kostenlos).

Schließlich sei noch youtube nicht vergessen. Wenn Sie es sich zutrauen, können Sie dort problemlos selbst gedrehte Clips zum Thema veröffentlichen.

+ Online-Petitionen
Auch so genannte online-Petitionen finden sich im Netz. Diese sind in Hinsicht auf ihre Sinnhaftigkeit teils umstritten.

Wirkliche Petitionen an den Petitionsausschuss des Deutschen Bundestages sind es in aller Regel nicht, aber diese gibt es natürlich.

Ein Weg kann sein, gar zu simple oder gar zu Gewalt auffordernde Petitionen zu meiden, alle anderen jedoch mit zu zeichnen. Solange man sich keine schnellen und Aufsehen erregenden Erfolge davon verspricht -kann jede öffentliche Äußerung für andere Menschen ermutigend sein!

Inoffizielle Plattformen sind hier unter anderem: Avaaz, Campact, Change.org und openPetition.

+ Mailaktionen allgemein können grundsätzlich ebenfalls hilfreich sein. Wenn es einen besonderen Anlass, ein besonderes Problem, eine größere Veranstaltung oder Kampagne gibt, können Sie gezielt besondere Personenkreise mit einem Rundmail anschreiben. Achten Sie darauf, das entsprechende Mail an sich selbst zu senden und alle AdressatInnen nur per "BBC" (Blind-Carbon-Copy) einzufügen. Nicht JedeR hat es gern, wenn alle anderen EmpfängerInnen die eigene Mailadresse sehen können. eMail- Adressensammlungen finden Sie eventuell im Internet- oder stellen Sie einfach selbst welche, in Kooperation mit anderen Menschen, zusammen! Beispiele hierfür wären alle Mitglieder des Bundestages, evangelische und / oder katholische Geistliche in Deutschland, GeisteswissenschaftlerInnen, LiteratInnen und AutorInnen, KünstlerInnenvereinigungen, Zeitungsverlage, "Medienmenschen" und viele mehr. Sammeln Sie selbst diese Adressen, können Sie diese zum Beispiel in einer Texteditor-Datei ("*.txt"), oder als Excel-Tabelle sinnvoll aufbewahren. Das Einfügen zum Versand ist dann nicht schwierig. Achtung: manche Mailserver erlauben nur die Versendung an 100 AdressatInnen pro Mail. Hier gilt es also aufzuteilen.

+ An Kundgebungen / Aktionen / Demos teilnehmen (und / oder selbst anmelden) Es finden durchaus zahlreich Vorträge, Kundgebungen und Demonstrationen, etc. statt. Diese werden von freien Gruppen und Vereinen, von Parteien wie DIE LINKE, zuweilen von Gewerkschaften oder Wohlfahrtsverbänden durchgeführt. Informieren Sie sich in der Regionalzeitung und im Internet, besuchen Sie diese und werben Sie dafür. Animieren Sie andere Menschen, die Sie kennen mitzugehen. Zusammen ist es einfacher und angenehmer.

+ flashmobs, Sitzstreiks, Flugblätter, Performances, ...
Eng verwandt mit Aktionen und Demos sind andere Formen wie flashmobs, Sitzstreiks, Performances, oder auch Einzelaktionen mit Flugblättern. Als flashmob bezeichnet man einen kurzen, scheinbar spontanen Menschenauflauf auf öffentlichen oder halböffentlichen Plätzen, bei denen sich die Teilnehmer nicht zwingend persönlich kennen und ungewöhnliche Dinge tun. Diese sind, ebenso wie eine Einzelperson, die auf öffentlicher Fläche Info-Flugblätter verteilt, nicht anmeldepflichtig. Man kann sich hierzu vorher mit möglichst vielen Menschen verabreden, bis spätestens zu einer bestimmten Uhrzeit an einem bestimmten Platz zu sein. Wird diese Uhrzeit erreicht (oder auf ein bestimmtes Zeichen hin) tun diese Menschen nun alle kurz dasselbe. Ein Beispiel: Vor einem Hauptbahnhof halten sich um kurz vor 16 Uhr etwas mehr Menschen als sonst auf. Wenn der Uhrzeiger auf 16 Uhr rückt, legen sich alle für 10 Minuten auf den Boden. Mehrere packen dabei Schilder aus, oder ziehen Flugblätter hervor und legen sie nieder. So war es zum Beispiel zu erleben bei dem flashmob "Pflege am Boden" in Mannheim, mit dem auf Notstände im Pflegebereich hingewiesen wurde. Mindestens eine eingeteilte Person sollte Fotos machen (für spätere Berichte im Internet) und auch ein vorheriger diskreter Hinweis an die örtliche Presse kann absolut nichts   schaden! Ganz ähnlich verhält es sich mit öffentlichen Sitzstreiks, wobei hier aber zu beachten ist, das aus der Aktion keine Sitzblockade wird- es sei denn, man will riskieren, sich strafbar zu machen. Es dürfen also keine Unbeteiligten oder Institutionen ernsthaft behindert werden. Bei den Flugblättern ist noch zu beachte, dass ein presserechtlich Verantwortlicher im Impressum genannt wird ("V.i.S.d.P.:").

Performances schließlich kann man in diesem Zusammenhang in etwa mit "künstlerische oder satirische Darbietung" übersetzen. Hier sind der Fantasie wenig Grenzen gesetzt und man kann dies gut mit anderen Aktionsformen kombinieren. Spontan wäre zum Beispiel ein Clown vorstellbar, der ein Schild trägt mit der Aufschrift: "HARTZ IV? Danke für Nichts!" und der sich andauernd vor dem Rathaus / jobcenter in Richtung des Einganges verbeugt.

GUT ZU WISSEN:
Hier einige Anmerkungen zum Thema Presseerklärung / Pressemitteilung. Informieren Sie sich jedoch lieber vor dem verfassen noch umfangreicher durch Literatur oder (vergleichend) im Netz.

Aufbau
Keine grobe Patzer im Aufbau oder in der Wahl der Ansprache machen.
Die W-Fragen im ersten Absatz beantworten. Wer hat wann und wo was und wie warum gemacht und woher stammt die Information. Grundsätzlich in kurzen Sätzen sofort das Wesentliche schreiben. Erst in den folgenden Absätzen einzelne Punkte ausführlicher erläutern, falls nötig.
Immer kurz aber verständlich formulieren. Kein Slang, keine Fachsprache. Abkürzung (Abk.) bei erster Erwähnung in Klammern ausgeschrieben dahinter setzen.
Unwichtigeres an den Schluss. Gekürzt wird in der Redaktion von hinten nach vorn!
Kurze Zitate lockern auf! "Ein super Tipp!", bestätigte dem Autor erst kürzlich sein Kumpel Sascha! ...
Die üblichen Standards nicht vergessen
Am Schluss der Pressemitteilung sollte die Wort- und Zeichenzahl (mit Leerzeichen) des Textes genannt werden. Auch der Name eines gut erreichbaren Ansprechpartners darf nicht fehlen. Guter Stil ist es auch, ein Datum für die Meldung zu setzen und das Wort „Pressemitteilung" oder „Presseinformation" sichtbar über den eigentlichen Text zu schreiben. Möglichst maximal eine DIN A 4 Seite verfassen.
Ein für die Redaktion, für die LeserInnen interessanter Anlass / "Aufhänger" ist wichtig. Dies soll sich dann auch in einer knappen, fett gesetzten Überschrift äußern. Falls nötig kann eine "Unterüberschrift" genutzt werden (kleiner und schräg gesetzt).
Und schließlich sollte auch hier engagiert, aber glaubwürdig vorgegangen werden.
Der erste Absatz muss alle Schlüsselworte und Details enthalten, dies kurz und präzise.
Der Schreibstil soll gebräuchlich, professionell und leicht zu lesen sein, sowie in der dritten Person verfasst werden. Lange Schachtelsätze vermeiden!
Zur Information für die Redaktion können zusätzlich Fotos und / oder Links angehängt werden.
Verfassen Sie die Mitteilung "knackig", sauber und zielgruppenorientiert.
Die Redaktionen haben täglich etliche ähnliche im Posteingang. Daher sollte die Presseinformation gut und so „pressefertig" wie nur möglich sein.
Wenn die Erklärung viele Fehler und wenig Inhalt hat, oder umfangreich überarbeitet werden muss, wird man damit keine Zeit verschwenden. Achten Sie daher auf eine gute Grammatik, alle Grundlagen und auf einen Inhalt, der es Wert ist, darüber zu schreiben.

3. Drei konkrete Einzelbeispiele für Widerstands-Aktionen

Ich wähle hier vor allem eigene Beispiele, die aber zum Teil auch in größere Aktionen eingebunden waren.
Dies nicht aus Eitelkeit -sondern weil ich diese besonders gut kenne und hier auch die Gefahr am geringsten ist, Persönlichkeitsrechte, Bildrechte und ähnliches von anderen Menschen zu verletzen.

Dies sind:

a) AufRecht bestehen (inkl. lokaler Kundgebung/en)
Bundesweit, gerichtet an Betroffene, MitarbeiterInnen der jobcenter und die Öffentlichkeit.

b) Aufruf vorm Spiegel zu verweilen!
Bundesweit, gerichtet an die MitarbeiterInnen der jobcenter und die Öffentlichkeit.

c) Petition gegen die Sanktionen bei Hartz IV.
Bundesweit, gerichtet an den Gesetzgeber.

a) *AufRecht bestehen (inkl. lokaler Kundgebung/en)*

Bundesweit, gerichtet an Betroffene, MitarbeiterInnen der jobcenter und die Öffentlichkeit.

Vieles wird zu dieser Aktion bereits aus der Presseerklärung deutlich, die seinerzeit neben massiver Bewerbung im Internet (Blog, facebook, Google plus, entsprechende Gruppen dort, twitter und youtube) vorab an etliche Redaktionen vermailt wurde.

Die konkrete Stadt darf ich aus bestimmten Gründen leider nicht mehr nennen-daher wurden diese Angaben "geixt".

"PRESSEERKLÄRUNG
22.09.2014

Sperrvermerk:
Nicht vor dem 25.09.2014 zu veröffentlichen.

Ex-Fallmanager protestiert im "Letzten Hemd"

Die bundesweite Aktion "AufRECHT bestehen" wendet sich am 02.10.2014 gegen Missstände im Hartz IV-System. Eine der zahlreichen Aktionen vor den jobcentern wird auch in XXX-Stadt stattfinden. Von 10:30 bis 13:30 Uhr wird der Sozialarbeiter und ehemalige Fallmanager Burkhard Tomm-Bub, nur bekleidet mit dem "Letzten Hemd", sich diesem Protest anschließen.
Tomm-Bub und sein spontan entstandener Unterstützer/innen-Kreis wollen damit auf die deutschlandweite Kritik-Aktion aufmerksam machen, die unter anderem vom Deutschen Gewerkschaftsbund (DGB) und etlichen Einzelgewerkschaften getragen wird. Auch die Piratenpartei und "andere fortschrittliche Kräfte" unterstützen den Aktionstag.
Die Kritik an Hartz IV richtet sich gegen die Sanktionspraxis, gegen verschiedene "Sonderrechts-Regelungen" in den jobcentern und wirft ein sehr kritisches Auge auf die geplanten "Rechtsvereinfachungen", die kürzlich durch eine Bund-Länder-Arbeitsgruppe vorbereitet wurde - dies jedoch unter Ausschluss von Betroffenen - Organisationen, Wohlfahrtsverbänden und Gewerkschaften.
"Es ist traurig und unverständlich, dass die Stimmen der ALG II-Empfängerinnen und Empfänger nicht längst viel klarer gehört wurden," so der ehemalige jobcenter Mitarbeiter Tomm-Bub, "auch einige Insider und Ex-Insider erheben aber nun nach und nach ihre Stimme." So sieht er seine kritischen Positionen auch als "äußerst weitgehend deckungsgleich" mit denen der "Hartz IV-Rebellin" Inge Hannemann aus Hamburg, ebenfalls eine frühere Mitarbeiterin im jobcenter dort.

Die lokale Kundgebung vor dem XXX-Stadt jobcenter an der XXX-Str. xx, versteht sich als überparteilich, grenzt sich allerdings klar von den so genannten "Montags-Mahnwachen" ab. Für Verschwörungstheorien und tendenziell rechtes Gedankengut will man hier keinen Spielraum lassen.
"Tendenziell links orientiert" sei er schon, gesteht Burkhard Tomm-Bub zu, aber eben Mitglied keiner "Kirche, Sekte, noch Partei". Menschlichkeit und Kritik am unwirtschaftlichen, unlogischen und unethischen Hartz IV-System sollen im Mittelpunkt stehen, da dieses sich keineswegs nur auf "die Hartzler", sondern genauso gut auf Niedriglöhner als Drohkulisse auswirke. Selbst die Mittelschicht sei als unfreiwilliger Geldgeber für oftmals sinnlose Maßnahmen und komplizierte Bestrafungssysteme betroffen.
Der Ex-Fallmanager wird nur im "Letzten Hemd" auftreten, um klar zu machen, dass durch Sanktionen von 30, 60 und 100 Prozent Betroffenen auch dieses oft noch genommen werden soll. In einem zusätzlichen Flugblatt bittet er seine Ex-Kolleg/innen um einen Augenblick der Besinnung. "Jobcenter- Aufruf vorm Spiegel zu verweilen!", so der Titel.

Ansprechpartner:
Burkhard Tomm-Bub, M.A."

Aufgebaut wurde vor dem entsprechenden jobcenter ein kleiner Tisch und zwei Sitzgelegenheiten, eine pflichtgemäße Anmeldung beim Ordnungsamt fand zuvor statt. Diese Anmeldung und auch der zeitweilige Besuch zweier Ordnungskräfte der Polizei verliefen völlig problemlos, Kosten entstanden keine.

Es ergab sich die Gelegenheit etliche Flugblätter zu verteilen, Gespräche zu führen und einige Fotos zu machen. Insgesamt waren wir zu viert, die Anwesenheit aller war aber nicht durchgehend erforderlich.

Es war dies kein Aufsehen erregender Erfolg, aber wir waren nicht unzufrieden und konnten sicherlich einige Menschen informieren und andere moralisch bestärken. Dies auch durch die Ankündigungen im Netz und die nachfolgenden Berichte.

b) Aufruf vorm Spiegel zu verweilen!

Bundesweit, gerichtet an die MitarbeiterInnen der jobcenter und die Öffentlichkeit.

Zunächst möchte ich einmal den kompletten Text / Aufruf wiedergeben, der über die unterschiedlichsten Kanäle seit dem 27. September 2013 verbreitet wird.

Von mir, von vielen UnterstützerInnen -und auch prominente Hilfe gab es zu Beginn der Aktion. Konstantin Wecker sei hier genannt, Prinz Chaos II und auch Ralph Boes, sowie Inge Hannemann.

Stellvertretend für etliche "unprominente" UnterstützerInnen möchte ich hier auch noch Ellen Vaudlet nennen (Blog: erben der tara).

Doch nun der Text:

"JOBCENTER: Aufruf vorm Spiegel zu verweilen!
FallmanagerInnen, ArbeitsvermittlerInnen – KollegInnen!

Einige von Euch werde ich mit meinen Worten nicht erreichen, zumindest nicht ihre Herzen ... (vielleicht aber doch ihren Verstand).
Einigen ist recht vieles egal, einige legen es sich so zurecht, dass Andere schuld sind, die Kunden, die Gesetze, die Chefs, ...
Einigen ist es wichtig, ihre Ruhe zu haben, ein gutes Auskommen, Versorgung für die Kinder, evtl. sogar noch ein kleiner beruflicher Aufstieg. Das kann man verstehen.

DOCH VIELEN IST ES NICHT EGAL.

Ich kann Euch hier nur Schlagworte liefern – doch sie sind belegt (s.u.).

Bei UNGÜNSTIGSTER Rechnung haben wir für JEDE (!) offene Stelle ZWEI verfügbare und topmotivierte ALG II–BezieherInnen. WARUM konzentrieren wir uns auf die Kontrolle und Sanktionierung von (angeblich) Unwilligen?

Ein ExistenzMINIMUM kann man schon vom Begriff her nicht mehr kürzen. Auf keinen Fall aber um 60% oder 100%. Das ist verfassungswidrig und unmenschlich, in einem reichen Land wie unserem allemal.

Das handling von Fallzahlen, EGV's, Maßnahmezuweisungen, Sanktionsquoten, Bewerbungsnachweisen, u.ä. hat schon lange das Urkonzept vollständig verraten und wird immer sinnloser und absurder.
Schon diese wenigen Beispiele reichen völlig aus, finde ich.

Aufruf vorm Spiegel zu verweilen!

Wir alle wissen, dass es stimmt, was oben beschrieben wird.
Wir alle stehen am Morgen vor dem Badezimmerspiegel.
Verweilt. Schaut Euch in die Augen.
Was kann ICH tun, um das zu geben, was ich ja auch selbst bekommen will?
Was kann ICH tun, um etwas mehr Würde, etwas mehr Gerechtigkeit, etwas mehr Menschlichkeit zurück zu bringen in die (jobcenter-) Welt?

Vielleicht etwas ganz Großes. Kündigen, Klage einreichen, etwas in dieser Art. Vielleicht etwas anderes. Im Alltag den MENSCHEN helfen. In Teamgesprächen diskutieren. In Foren im Internet mitreden. Leserbriefe schreiben. Mit Kollegen reden. Mit den örtlichen Hartz IV -Gruppen / Beratungsstellen Kontakt aufnehmen. Etwas noch ganz anderes, kreatives.

Und dann schaut wieder in den Spiegel. Ihr werdet schöner aussehen, stärker und stolzer – versprochen! Mein Wort darauf.

Unterstützt von / Unterstützend für:

Marcel Kallwass, ((Ex-)) Student a.d. Hochschule der BA (Bundesanstalt für Arbeit).
Blog: http://kritischerkommilitone.wordpress.com/

Norbert Wiersbin, (Dipl.-Päd., Dozent und Ex-Fallmanager)
Blog: http://norbertwiersbin.de/

Inge Hannemann, z. Zt. suspendierte jobcenter – Mitarbeiterin
Blog: http://altonabloggt.wordpress.com/

V.i.S.d.P.: Burkhard Tomm-Bub, M.A., ...
Mailto: ogma1@t-online.de
(Ex – Fallmanager)
am 27. September 2013"

Ergebnisse:
Ein Suchlauf auf Google ergibt im November 2015 mit den Worten "Aufruf vorm Spiegel zu verweilen Tomm-Bub" 9930 Treffer.
Auf youtube wurde das Video mit dem gleichlautenden, vorgetragenen Text bis Anfang November 2013 insgesamt 6829 mal angeschaut.
Auf einem kleineren, ähnlichen Dienst (VIMEO) dazu noch 88 mal.
Der Aufruf wurde viele hundert mal vermailt, gepostet, in Foren diskutiert und auch immer wieder als Flugblatt verteilt und versendet.

Was genau dieses bewirkte, wie viele FallmanagerInnen und SachbearbeiterInnen darauf hin ihr Verhalten (zumindest etwas) veränderten und humaner agierten, oder welche Gedankenanstöße und Handlungsimpulse außerdem wem gegeben gegeben wurden: das lässt sich naturgemäß nicht messen und prüfen.
Aber bei einer de facto Reichweite von insgesamt größer 10 000 -kann ich mir absolut nicht vorstellen, das Nichts erreicht wurde.
Und: es geht weiter!

Nachtrag:
Marcel Kallwass, kritischer Student an der Hochschule der BA wurde kurze Zeit später abgemahnt und anschließend endgültig dort "entfernt".
Seine Aktivitäten waren vielfältig, unter anderem hatte er aber auch den vorliegenden Aufruf an der Hochschule verbreitet, worauf in der Abmahnung sogar ausdrücklich eingegangen wurde.
Eine souveräne, selbstkritische und dialogbereite Reaktion der Mächtigen sähe anders aus!

c) Petition gegen die Sanktionen bei Hartz IV.

Bundesweit, gerichtet an den Gesetzgeber.

Im Herbst 2013 brachte die Ex-Fallmanagerin im jobcenter Inge Hannemann nach entsprechender Vorbereitungszeit eine offizielle Petition an den Bundestag der Öffentlichkeit zu Gehör und bat um Mitzeichnung. Nach etwas zähem Beginn wurde am Ende, nach den 28 Tagen Frist, die Zahl der notwendigen UnterzeichnerInnen (50 000) aber weit übertroffen. Es waren fast 90 000.

Hier zunächst der offizielle, komplette Text:

"Petition 46483 Arbeitslosengeld II -Abschaffung der Sanktionen und Leistungsein-schränkungen (SGB II und SGB XII) vom 23.10.2013

Text der Petition Der Deutsche Bundestag möge beschließen, die Paragrafen im Zweiten Buch Sozialgesetzbuch (Grundsicherung für Arbeitsuchende, § 31 bis § 32 SGB II) und im Zwölften Buch Sozialgesetzbuch (Sozialhilfe, §39a SGB XII) ersatzlos zu streichen, die die Möglichkeit von Sanktionen bzw. Leistungseinschränkungen beinhalten.
Begründung Die Sanktionen (§ 31 und § 32 Zweites Buch Sozialgesetzbuch) und die Leistungseinschränkungen (§ 39 a Zwölftes Sozialgesetzbuch) verletzen das Recht auf die Absicherung des zwingend gesetzlich festgelegten soziokulturellen Existenz-minimums. Wem ganz oder teilweise die Grundsicherungsleistung gestrichen wird, dessen Existenz und gesellschaftliche Teilhabe ist bedroht."

Um das Ganze noch etwas verständlicher zu machen, gebe ich hier einmal die "Häufig gestellten Fragen", die FAQ, wieder, die ich seinerzeit unterstützend in meinem Blog "kopfmahlen" veröffentlichte:

"FAQ`s zur #Petition 46483
Online:
https://epetitionen.bundestag.de/petitionen/_2013/_10/_23/Petition_46483.nc.html

Worum geht es da überhaupt?

Um die Kürzungen und Sanktionen im Hartz IV (Alg. II) , die das Jobcenter den Menschen "aufbrummt", die tatsächlich oder angeblich etwas falsch gemacht haben. Wir wollen, dass das nicht mehr möglich ist. Im Text der Petition mussten wir es etwas komplizierter schreiben, sonst hätte man die Petition nicht zugelassen.

Der komplette Text lautet:
... (siehe oben).

Wie lange kann man da noch mitmachen?

Online bis zum 17.12.2013 EINSCHLIESSLICH. Bis dahin brauchen wir insgesamt 50 000 Unterschriften. Wir sammeln aber auch noch "offline". Wer noch nicht beim Bundestag registriert ist, zur Teilnahme an Petitionen, muss sich einmalig registrieren. Tipp: ein kompliziertes Passwort nehmen und notieren,denn es heißt auf der Seite: "Ihr Passwort muss aus mindestens 8 Zeichen bestehen. Es muss mindestens je einen Groß-und Kleinbuchstaben sowie eine Ziffer oder ein Sonderzeichen (z.B. _#@*+?!-$) enthalten."

Bei Online-Zeichnung bleibe ich aber nicht anonym, oder?

Doch, bleibt man. Jedenfalls wenn man das möchte! Dann kann man in der öffentlichen UnterzeichnerInnen-Liste nur einen Nickname anzeigen lassen, oder nur die UnterzeichnerInnen-Nummer.

Kann ich nicht VÖLLIG anonym nur mit Nickname abstimmen? Geht doch bei anderen Petitionsseiten auch!

Nun ja ... Dies ist eine ECHTE Petition auf der Bundestagsseite. Wenn insgesamt 50.000 Stimmen erreicht werden -erlegt sich der Bundestag einige Pflichten auf, da will er auch, dass alle, die abstimmen"echt sind". Es ist mit einer Bundestagswahl oder Briefwahl zu vergleichen. Also nein.
Und wenn die Stimmen reichen- werden die Sanktionen dann abgeschafft?
Leider nicht. Jedenfalls nicht sofort. Aber: der Bundestag MUSS sich öffentlich äußern und auch die Medien und die Öffentlichkeit, die Menschen werden deutlich aufmerksamer auf das Thema! Das halten wir für sehr wichtig. Nur so bringen wir die Abschaffung auf den Weg.

Geht das alles nur über Computer und online?

Nein, wir sammeln auch auf den Straßen und vor den jobcentern! Und es gibt auch Listen, die man sich ausdrucken kann und dann aber rechtzeitig selbst zurück faxen muss, direkt an den Bundestag. Z.B. hier:
http://altonabloggt.files.wordpress.com/2013/11/alg2petition2_1.pdf Faxnummer steht unten rechts drauf.

Unterstützt man da nicht nur die Faulen und Betrüger, wenn man die Sanktionen abschafft?

Nein. Ganz sicher nicht. MINDESTENS (!) 85 Prozent der HartzIV-BezieherInnen sind da völlig "unverdächtig", eher mehr! Ein paar Unehrliche wird es immer und überall geben, egal ob mit oder ohne. Viele Kürzungen geschehen schon jetzt aus Irrtum oder zu Unrecht -das zeigen die vielen erfolgreichen Widersprüche und Sozialgerichts-Klagen! Freie Arbeitsstellen gibt es sowieso kaum noch und von vielen Menschen werden Dinge verlangt, die schlicht und einfach unsinnig oder schädlich sind.

Ich finde das ganze Komplett-System vollkommen widerlich. Es muss gestürzt werden, mit Flamme und Schwert! Warum muss ich da noch Eure komische Wischiwaschi-Petition unterschreiben?

Müssen MUSS ja niemand. Aber- solange Du auf die Revolution wartest... Die ganze Zeit nur das Schwert schleifen? Ist doch vielleicht auch langweilig, irgendwie. Und das Unterschreiben ist nur eine kleine Mühe, die schnell vorbei ist. Jemand der einen kompletten Kreuzzug durchführen wird: macht das doch mit Links, oder? Du machst uns eine Freude- und Du bist ja für eine humanere Welt, nicht wahr?

Ich würde ja. Aber das ist doch alles so furchtbar sinnlos, bringt nichts. Ich habe schon mal eine Petition unterschrieben. Und? NIX hat sich geändert. Ich würde sagen, lasst es lieber, hört auf. Bewirkt ja alles nichts. Das sage ich schon lange allen, aber niemand hört ja auf mich, und...

Ok, ok! Wenn Du meinst. Alles gut! Niemand von uns tut Dir was. Setz Dich doch erst mal. Und jetzt gaaanz ruhig durchatmen. Falls Du später irgendwie, irgendwann Lust hast- kannst Du ja doch noch unterschreiben, wenn Du möchtest. Weil wir uns dann freuen. Und Du dann das Gefühl hast, nun wirklich nichts unversucht gelassen zu haben. Wäre doch was, oder?

Meint ihr, ihr schafft das?

Wenn DU auch unterschreibst: JA!!"

Und das war auch der Fall. Fast 90 000 Unterschriften wurden trotz teils widriger Umstände erreicht, der Bundestag wurde hierdurch gezwungen, sich zumindest öffentlich mit diesem Thema zu beschäftigen -was wiederum auch dokumentiert wurde.

Um noch ein wenig weiter gehend darüber zu berichten, greife ich wieder auf einen eigenen Blogbericht zurück, den ich zu diesem Anlass unmittelbar unter dem Eindruck des Erlebten verfasst hatte:

Blog kopfmahlen, am 18.03.2016

"Beschämend und empörend: Frau Gabriele Lösekrug-Möller #Petition #Anhörung #HartzIV
- LöMö und die Menschlichkeit (von Logik gar nicht zu reden) -

Am 17. März Anno Domini 2014 hatte ich das Recht (und die innerlich empfundene Pflicht) an der öffentlichen Sitzung des Petitionsausschusses des Deutschen Bundestages teilzunehmen. Thema war "Arbeitslosengeld II- Abschaffung der Sanktionen und Leistungseinschränkungen".
Diese Zusammenkunft fand statt anhand einer erfolgreichen Petition der mittlerweile suspendierten / im jobcenter gekündigten ehemaligen Fallmanagerin Inge Hannemann. Diese hatte zuvor etliche Jahre in einem jobcenter gearbeitet und dort mehrere, verschiedene Arbeitsbereiche kennengelernt, hatte gleich zu Beginn die Zertifizierungs-fortbildung zur Fallmanagerin erfolgreich durchlaufen und erhielt auch positive interne Bewertungen.
Mittlerweile ist sie nicht die einzige, aber sicherlich bekannteste Insiderin, die heftig gegen das Hartz IV-System rebelliert.
Es haben die Petition - anders als in der mainstream-Presse zumeist verschleiernd dargestellt - nicht "mehr als 50 000" Personen unterschrieben, sondern erkennbar über 90 000. Dies erfolgte innerhalb von 28 Tagen, ohne dass irgend eine Firma, Partei, Sekte oder ähnliches "dahinter steckte".
Unterstützung gab es durch viele, viele Ehrenamtliche aus allen Gesellschaftsschichten. Einige, wenige Prominente schlossen sich an -und weitere (Ex-) Insider, wie Norbert Wiersbin, Marcel Kallwass (mittlerweile ebenfalls entlassen) und auch meine Wenigkeit, Burkhard Tomm-Bub, Fallmanager im jobcenter von Anfang an, bis zum hinaus mobben durch Vorgesetzte Ende 2011.

Vorspiel
Am 17. März um 12:00 Uhr mittags, war nun also "high noon". Im Vorfeld war ich schon von einer "netten" Polizistin angeraunzt worden, direkt vor dem Paul-Löbe-Haus (auch "Motor der Republik" genannt) sei auch das unaufdringliche und freundliche Anbieten von Flugblättern strikt verboten. Die Abgeordneten würden sich dadurch "belästigt fühlen". Erlaubt sei es maximal außerhalb der Überdachung (btw.- es regnete). Gleichwohl.
Irgendwann war dann ja auch Einlass. Sicherheitskontrollen, wie aus entsprechenden Kriminalfilmen bekannt. Verständlich.
Allerdings musste ich mich dann ausziehen. Mutmaßlich zur Erleichterung aller Anwesenden aber nicht völlig. Mein T-Shirt jedoch wurde bis zum Verlassen der hochwichtigen Stätte beschlagnahmt. Sehr verständlich, anhand der zahlreichen Morddrohungen und unanständigen Zeichnungen darauf ... Eigentlich war es zwar in Wirklichkeit nur etwas Reklame für mein Blog "tombbloggt" und auf der Rückseite eine Aufschrift "Team Inge". Aber nun ja, die Geschmäcker und Bewertungsmaßstäbe sind verschieden ...!

Sitzung
Ich fand, dass Inge Hannemann ihre Sache sehr gut gemacht hat, insbesondere auch anhand der relativ knappen Zeit.
Mit den Äußerungen der meisten anderen Anwesenden konnte ich mehr oder auch weniger leben. Einige schienen tatsächlich ein wenig echtes Interesse zu haben.

Insgesamt aber schien mir der Wissensstand nicht sehr hoch, die Fähigkeit sich etwas WIRKLICH vorstellen zu können, Worte und Zahlen umsetzen zu können in lebende Menschen, in Situationen, in Ratlosigkeit und Verzweiflung -nochmals geringer.
Die LINKE stand hinter der Sache, bei den GRÜNEN hatte ich den Eindruck, dass man ahnte, dass eventuell, vielleicht zumindest an "einigen Stellen" etwas nicht stimmen könne.

Fakten und Realitäten
Es gibt viele sehr gute Gründe für den völligen Wegfall aller Sanktionen. Ethische und humanistische. Dies zusätzlich in Verbindung mit der Tatsache, dass Deutschland in der Tat nach wie vor unter den "Top Five" eingereiht ist, von ca. 180 Ländern auf der Welt. Dies ist sehr leicht und schnell recherchierbar und belegbar.
Wir leisten uns Steuerbetrüger, Großbauprojekte, Rüstung, Prachtbauten, von vornherein unbrauchbare Drohnen, immense Spitzengehälter für Politiker, Sportler, Prominente und Manager-Versager. Und vieles mehr.

Sanktionen: Unsinnig auch ohne "Humanitätsduselei"!
ABER: wir BRAUCHEN gar keine Ethik und Moral! Lassen wir sie ruhig beiseite.
Wie viele offene Stellen gibt es? Eine Million? Höchstens!
Wie viele Arbeitslosengeld-Empfänger_innen haben wir, die wirklich verfügbar sind? 3 Millionen? Mindestens!
---> Spätestens an DIESER Stelle müsste jeder BWL`er die Hände über dem Kopf zusammen schlagen und lauthals ausrufen: "Ja, seid ihr denn des Wahnsinns nackter Kofferträger!!"
"Warum verschwendet ihr auch nur EINEN Handschlag auf die angeblich oder tatsächlichen Faulen und Unwilligen? Besinnt euch auf eure eigentliche Kernaufgabe! Kümmert euch um die Verfügbaren und Willigen! Motiviert sie noch mehr, macht sie fit mit SINNVOLLEN Maßnahmen! Und fertig ist`s !"
... von den Verwaltungskosten / Klagekosten, etc. die anfallen, gar nicht erst zu reden!

Wie viel "Unwillige und Faule" haben wir denn unter den Millionen? Die übelste und schwärzeste Schätzung die ich je hörte, lag bei 15% ...
"Nur" 85 % Unschuldige also demnach ... (= wenn man sich überhaupt mal auf dies verquere Denken einlässt).

Ein (schlechter!) Kindergarten!
Ein anderer Aspekt ist der unverschämte Ansatz Arbeitslose "erziehen zu wollen". Ich hatte mich dazu schon geäußert- wiederhole es aber hier nochmals.

"Ich bin ja unter anderem ausgebildeter / studierter Erzieher, Sozialarbeiter und Erziehungswissenschaftler. Daher auch etwas zu der oft auftauchenden pädagogischen Frage, bzw. zum Thema Strafe.
Die Führung der BA versucht ja anhaltend, Sanktionen als "pädagogische Maßnahme" zu "verkaufen". ...
Dieser "pädagogische" Ansatz kommt mir immer so vor, als habe ein völliger Laie im Schnelldurchgang J.J. Rousseau überflogen und dann daraus ein, nun ja, Konzept gebastelt ...
Man ahnt zumindest von Ferne, dass negativ-strafende Erziehung nicht wirklich sinnvoll und sogar schädlich ist. Und versucht, die Sanktionen als "logische Folgen", oder "natürliche Konsequenzen" hin zu stellen. Was aber nicht den Realitäten entspricht.
Anhand der wirtschaftlichen Situation, der realen Bedingungen auf dem Arbeitsmarkt,

etc. pp. Hier wäre also argumentativ anzusetzen -die gesetzten Sanktionen simulieren KEINESWEGS "normale" und "wirkliche" Ursache <---> Wirkungs-Strukturen! Zu abstrakt? Mutmaßlich. Ein Beispiel. Ein älterer Mann, 25 Jahre auf dem Bau beschäftigt, jetzt körperlich eingeschränkt, 3 Stunden leichte Arbeit täglich aber noch möglich, soll monatlich 8 Bewerbungen vorlegen. Macht er auch 3 Monate lang. Keine Reaktionen, Absagen, Frust. (Natürlich -leider.) Er fängt an zu "schludern", hat auch ziemlich alle Firmen "durch" mittlerweile. Er legt nur 6 vor. Wird vom durchschnittlichen AV (Arbeitsvermittler) mündlich ermahnt. Legt beim nächsten Mal (anhand akuter persönlicher Probleme) nur 5 vor.

Die Probleme sind nicht schriftlich nachweisbar (Stress mit der Ehefrau und dann ist auch noch sein Hund überfahren worden). Also kein "wichtiger Grund": Sanktion!!

Hier wird aber eben KEINE "natürliche Folge" nachgebaut. Die Bewerbungen dieses Menschen hätten mit höchster Wahrscheinlichkeit in dieser Form KEINERLEI Erfolg, egal ob er 6, 5, 10 oder 20 Bewerbungen unternehmen und belegen würde. Es sind statt dessen, wie ein Ex-Kollege von mir es immer mal wieder nannte "sinnlose Rollenspiele"!

Wenn wir Rousseau nicht zur Hilfe nehmen zur Scheinbegründung, wird es noch magerer, mit einer pädagogischen Begründung.

STRAFE:
- sagt NUR, was NICHT getan werden sollte
- gibt keinerlei Informationen, wie das Gewünschte besser getan werden könnte
- stört und zerstört das Vertrauensverhältnis
- gibt dem Gestraften das Gefühl der Ohnmacht
- ... und mindert sein Selbstbewusstsein
- wirkt NUR, solange der Strafende "hinguckt"
- erzeugt ein Rachebedürfnis
- führt bestenfalls zum erzwungenen, unmotivierten Gehorsam
- verhindert Einsicht und Eigenmotivation
- etc.

Richtig: Strafe gibt es in der Gesellschaft. Für Kriminelle. Da ist dann aber auch noch der Faktor "Schutz der Gesellschaft" mit enthalten. Zu argumentieren, der nicht mitarbeitende ALG II-Empfänger beute ja die Gesellschaft finanziell aus -ist absolut unsinnig.

Die Kontrolle, Verwaltung, Überwachung und die Bearbeitung von Widersprüchen und Klagen kosten eine Menge Geld. Sanktionen bringen also volkswirtschaftlich wenig bis nichts ein. Und: WÜRDEN sie wirken: fänden die Betroffenen DENNOCH keine Arbeit. Das liegt an mehreren, unterschiedlichen vorzufindenden Realitäten (siehe oben)."
...

Völlig losgelöst- und frech dabei!
Auf der Seite des Bundestages lese ich im Bericht über das Treffen:
"Ein gänzlicher Verzicht auf Sanktionen beim Arbeitslosengeld II (ALG II) wird von der Bundesregierung abgelehnt. Es gäbe dann keine Möglichkeit mehr, darauf hinzuwirken, dass diejenigen, die die Leistungen in Anspruch nehmen wollten, „auch zur Mitwirkung verpflichtet sind", sagte die Parlamentarische Staatssekretärin im Bundesministerium für Arbeit und Soziales, Gabriele Lösekrug-Möller (SPD), am Montag während einer öffentlichen Sitzung des Petitionsausschusses. Es werde erwartet, dass Termine wahrgenommen und Unterlagen beigebracht werden. Ebenso, dass auf Angebote zur

Weiterbildung regiert wird und Vorschläge zur Beschäftigung angenommen werden, sagte Lösekrug-Möller. „Unser Sozialgesetzbuch erwartet eigene Anstrengungen", betonte sie."

Wer ist Frau Gabriele Lösekrug-Möller? Staatssekretärin im BMAS, ja. Und in der SPD. Und sie hat "als Sozialpädagogin und Sozialarbeiterin bis 1990 in Isernhagen und von 1990 bis 1993 in Hameln (gearbeitet)" (wiki). Lieber Leserin, lieber Leser. Ich schäme mich abgrundtief. Vor vielen Jahren war ich einmal einige Zeit SPD-Mitglied. Und ich bin - unter anderem - Diplom-Sozialarbeiter (FH). Ich durfte die oben angeführten Zitate dieser Dame "live" mithören. Und einige weitere. Und daher, daher schäme ich mich abgrundtief.

Aus Sicht der Parlamentarischen Staatssekretärin verstoßen die Sanktionsregelungen ... weder gegen das Grundrecht auf Gewährleistung eines menschenwürdigen Existenzminimums noch gegen das Recht auf körperliche Unversehrtheit. Auch die freie Wahl des Berufs sei gewährleistet und der Gleichheitsgrundsatz gewahrt. Das habe das Bundesverfassungsgericht bestätigt, so Lösekrug-Möller. „Unser Recht ist hier ganz seriös ausgefüllt."

Quelle:
http://www.bundestag.de/presse/hib/2014_03/2014_132/01.html

Auch die Gewährung von Sachleistungen findet sie völlig in Ordnung. Zu gern würde ich diese feine Dame einmal sehen, wenn sie in ihrer Nachbarschaft in einen Billig-Supermarkt gehen muss, und dort ihren Bezugsschein vom jobcenter öffentlich vorzulegen. Aber wenn sie für ihre Kinder etwas kaufen möchte- führt da dann kein Weg dran vorbei. Vielleicht hat ja jemand aus ihrer Bedarfsgemeinschaft gleich zwei mal gegen hochwichtige und hochrichtige Befehle des jobcenters verstoßen ... Vielleicht absichtlich. Vielleicht unabsichtlich. Vielcioht auch aus uneingestandenem Unvermögen ... Wer will das schon wissen? Frau Gabriele Lösekrug-Möller ganz bestimmt nicht.
Einige Fallmanager_innen würden es auch heute noch vielleicht wissen wollen. Trotz Controlling, absurder, überbordender EDV-Dokumentationspflichten, etc. Gleichwohl-woher die Zeit nehmen? Mir beispielsweise waren seinerzeit, Ende 2004, "ca. 75 Fälle" versprochen worden, wie allen Anderen auch. Fast dauerhaft waren es deutlich mehr-436 zum Beispiel. Das war mein Höchststand, ja- aber der war beileibe nicht SO besonders - und allen Anderen um mich herum ging es auch nicht besser!
Es gäbe noch sehr viel mehr zu sagen, über die Mängel in den jobcentern. Wer mag kann sich gern in diversen Blogs informieren -die sind alle öffentlich!

Ich möchte aber noch meiner extremen Verwunderung Ausdruck geben über die heiter und extrem selbstbewusst vorgetragene absolute Missinterpretation der Bundes-verfassungsgerichts-Urteile durch die Frau Staatssekretärin. Bestätigt habe das ihre Auffassung doch voll und ganz! Das war dann auch, meine ich, der Moment in dem ich das "letzte Hemd" herum zeigte und auch in den Saal warf. Leider erregte es zu wenig Aufsehen. Nun. Noch ist nicht aller Tage Abend ...

Es gibt zwei Dinge, die ich als Fazit schreiben möchte.

1) Wir alle müssen dranbleiben. Dringend! Und ich denke,das werden wir auch.

2) "Mit Verlaub, Frau Staatssekretärin, Sie sind ein ....!"

Burkhard Tomm-Bub, M.A.,
6xxxx Xxxxxxxxxxx,
Ex-Fallmanager
18.03.2014

* * *

Anekdote im Nachgang:

GERONIMO!!

Betreff Bericht: "Bundestag hört "Hartz-IV-Rebellin" an"

Liebes Hamburger Abendblatt!
Lieber Herr Matthias Kamann!

Dank für Deine genaue Beobachtung und intensive Nachrecherche!
Du bist schon so richtig gut, aber wirklich.
Denn was darf ich da lesen?

http://www.newscron.com/render/1528883/96454452#.UyjjLPl5M8k

"... Später auf der Besuchertribüne im Sitzungssaal des Petitionsausschusses war eine weitere eigenwillige Haltung gegenüber den bestehenden Verhältnissen zu besichtigen. Eine ältere Frau mit Stirnband und auch sonst indianischer Anmutung stand auf und gestikulierte an der Brüstung. Als ein Ordner sie dezent ansprach, hob sie gleich beide Hände über den Kopf, als bedrohe er sie mit vorgehaltener Maschinenpistole. ..."

Soweit die Berichterstattung.
Dazu kann und muss ich aber einige winzige Kleinigkeiten anmerken.
Weil: das war nämlich ich.

Kommen wir zunächst zu den Details, die stimmen.
Ich bin schon älter, das ist wahr (Jahrgang 1957).
Stirnband und Hände heben stimmt auch. Aber sonst...

a) Ich bin nicht weiblich. Wenn sich jemand von Ihnen durch Augenschein überzeugen muss- schicken Sie bitte eine Kollegin. Ich bin nämlich ein langweiliger Hetero ...

b) Stirnband stimmt- hat aber eine Erklärung. Darauf stand nämlich: "FM (Ex!)". Ein Versuch von mir, kurz und gut sichtbar klar zu machen, dass ich kein Hartz IV-Empfänger bin -sondern ehemaliger Fallmanager im jobcenter.

c) Gestikulieren stimmt halbwegs. Ich sandte jedoch keinen indianischen Hexenzauber gegen die Versammlung- sondern zeigte dieser ein Hemd, ein Standard-Unterhemd, genauer gesagt. Als Symbol für das "letzte Hemd", dass den Menschen durch die

40

Sanktionen genommen wird, die ohnehin schon nichts mehr haben.

d) Als die beiden (!!) Ordner - anfangs doch recht entscheiden - auf mich zu traten, erhob ich tatsächlich beide Hände und zeigte die leeren Handflächen. Ich bin Pazifist- und das ist eine durchaus gängige Art zu zeigen, dass man nichts gewalttätiges vor hat!
In meinem persönlichen Falle ist derlei ganz besonders wichtig. Ich habe anhand Krebs-Operationen viele Narben am und im Hals! Ein "präventiver, beherzter Zugriff" durch Security-Menschen könnte bei mir leicht letale Folgen haben ...

Übrigens warf ich zum Abschluss des "Gestikulierens" das "letzte Hemd" auch von der Tribüne. Dies entging Ihnen ebenfalls.

Liebes Hamburger Abendblatt, lieber Herr Matthias Kamann. Etwas genauer hinschauen. Wäre schon schön!
Oder - noch viel einfacher - hinterher einfach mal kurz ansprechen, die betreffende Person. Man beließ mich ja freundlicherweise auf der Tribüne (und ich bekam sogar das Hemd zurück!).
Stehe immer gern zur Verfügung und verbleibe vorerst mit einem freundlichen "Howgh" !

MfG
Burkhard Tomm-Bub, M.A.
Ex-Fallmanager

Eigener Blogbericht über das Ereignis:
http://kopfmahlen.blogspot.de/2014/03/beschamend-und-emporend-frau-gabriele.html ..."

Der Vorgang und die Diskussionen über diese Aktion sind bis zum heutigen Tage (Stand: November 2015) nicht abgeschlossen...

4. Blogartikel zu Stichworten

Im Laufe der letzten Jahre habe ich in zwei meiner Blogs den einen und anderen Aspekt des Themas in entsprechenden Beiträgen etwas näher untersucht und kommentiert.

Einige davon eignen sich meiner Ansicht nach auch absolut zum Zwecke der Vertiefung der Themen dieses Buches, daher füge ich sie auch hier hinzu.

Die Darstellung erfolgt in unveränderter Form und jeweils versehen mit dem Originaldatum.

ALG II-"Kundengruppen"

- Blog tombbloggt am 29.08.2013 -

Wem stehen ALG II-Leistungen zu ?
(Und damit Arbeitsvermittlung und / oder Fallmanagement.)

Laut dem SGB II sind das Menschen:
"... die das 15. Lebensjahr vollendet und die Altersgrenze nach § 7a noch nicht erreicht haben (= 65-67 Jahre), erwerbsfähig sind, hilfebedürftig sind und ihren gewöhnlichen Aufenthalt in der Bundesrepublik Deutschland haben.
Erwerbsfähig ist, wer nicht wegen Krankheit oder Behinderung auf absehbare Zeit außerstande ist, unter den üblichen Bedingungen des allgemeinen Arbeitsmarktes mindestens drei Stunden täglich erwerbstätig zu sein."
Punkt.
Eine Vorstellung darüber, wie dieser Personenkreis in der Praxis dann tatsächlich zu sehen und zu beschreiben ist- die hat fast JedeR.
Jedoch- oftmals eine sehr unterschiedliche.

Die Vielfalt ist außerordentlich hoch. Schwerpunkte gibt es sicherlich.
Aber keineswegs in einem so hohen Ausmaße, wie man denken könnte.
Sehr viele Schulabschlüsse sind vertreten, vom Sonderschulabschluss bis zum Abitur.
Alle Lebensalter in der definierten Spanne.
Menschen die noch nie gearbeitet haben bis hin zu Menschen, die Jahrzehnte tätig waren und erst spät arbeitslos wurden.
Ungelernte, Handwerker, Dienstleistende, Vorabeiter, Meister, Akademiker.
Nicht zu vergessen die zuletzt Selbstständigen. Teils in geringem Ausmaß, de facto Scheinselbstständige, bis hin zu Unternehmern, die etliche Jahre Dutzende eigene Beschäftigte hatten.
Intellektuelle, KünstlerInnen und auch Menschen aus Familien, die seit Generation mit der Sozialhilfe / ALG II (über)leben.

"Drei Stunden täglich erwerbstätig" -in irgend einer Form, auch wenn es ausschließlich leichte Arbeit ist. Das ist die "Zugangsvoraussetzung".
Nebenbei bemerkt: wie realistisch ist es, solche Stellen auf dem Ersten Arbeitsmarkt zu finden? ...

Abiturienten, sehr berufserfahrene Menschen, Vorabeiter, Meister, mehrfach qualifizierte Menschen, Akademiker, begabte Künstler_innen und einige mehr.
Sie habe ich aufgezählte, sie alle gehören dazu -in absolut nicht geringem Ausmaße.

Ebenso treten aber sehr häufig auf :

+ Verschuldete / überschuldete Menschen
+ allein erziehende Menschen
+ ältere Menschen (50 +)

+ Menschen mit Migrationshintergrund
++ kulturelle Unterschiede
++ Sprachkenntnisse

++ nicht anerkannte Schul- / Berufs- Abschlüsse aus dem Herkunftsland

+ Analphabeten

+ Menschen ohne einen Schulabschluss

+ Menschen ohne Ausbildungsabschluss

+ Menschen ohne jede Berufserfahrung

+ seelisch erkrankte Menschen
++ Suchtkrankheiten (Alkohol, illegale Drogen, Medikamente, Spielsucht, Bulimie, etc.)
++ Depressionen
++ SVV
++ soziale Phobien
++ Schizophrenien
++ kriegstraumatisierte Menschen (PTBS)

+ körperlich behinderte Menschen

+ minderbegabte Menschen

+ Menschen in akuten Lebenskrisen unterschiedlichster Art

+ Menschen mit schweren sozialen Problemen
++ Alkoholiker in der Familie
++ Gewalttätiger Partner / Partnerin
++ schwer chronisch kranke Angehörige

+ vorbestrafte Menschen

+ Menschen mit akuten und schweren Wohnungsproblemen.

+ Menschen mit sonstigen Probleme, die hier noch nicht erfasst wurden.

Nicht immer, aber durchaus häufig, treten zwei oder mehr Problemfelder zugleich auf.

Ich fand es sehr wichtig dies alles hier nochmals klar zu verdeutlichen.

Meine Erfahrung ist, dass in sehr vielen Köpfen ein Bild ist:
"Hartzler- das sind doch fast alles ... ((hier irgendeine der oben genannten Gruppen einsetzen)) ... !!"

Und so. Ist es eben NICHT!

Streichung der Sanktionen im Hartz IV- ein Freibrief für Faule?

- Blog kopfmahlen am 09.12.2013 -

Eines der häufigsten Argumente gegen die Abschaffung der Sanktionen im Hartz IV- / ALG II -System ist dieses:
Das belohnt doch die Faulen! Die die nicht wollen, bekommen dann alles umsonst und das auch noch in voller Höhe.
Stimmt.
So ist das.
Allerdings ... -ist es leider unmöglich, sich das Ganze so einfach zu machen.
Von einer Mücke kann man mit Fug und Recht behaupten, sie sei ein Tier.
Von einem Elefanten aber auch.
Oh, und von Eichhörnchen, von Delphinen, von Läusen, von Löwen, von Elstern und von Füchsen.
Es gibt sogar NOCH ein paar mehr. Aber lassen wir das.
Es ist so. Es gibt faule Menschen. Es gibt auch welche, die nicht gern arbeiten. Und unehrliche, auch die gibt es.
Es gibt auch welche, denen es nichts ausmacht auf Kosten Anderer zu leben.
Z.B. etliche Hedgefond-Manager, Banker, Unternehmer die so schöne Sachen wie Panzer und Granaten, Drohnen und ähnliches Spielzeug herstellen lassen. Solche Leute und einige mehr leben gern auf Kosten anderer Menschen, ziehen ihren Gewinn aus ihren Arbeitern und aus den Taschen der Kund_innen.
Faule Menschen gibt es auch. Solche, die von Beruf "Sohn" oder "Tochter" sind. Mancherlei Stars und Sternchen. Etc.
Und selbst unehrliche Menschen gibt es. Steuerhinterzieher. Titel-Schwindler. Doktor-Arbeit-Fälscher. Vorteilsnehmer und Bestechliche.
Alles ehrenwerte Leute letztlich. Angesehen und erfolgreich. Und wenn doch einmal etwas herauskommt- nun ja, ein wenig ein taktischer Rückzug für einige Zeit. Ein Milliönchen Euro als Strafe gezahlt ... Wen "juckt" das schon groß?!

Anders natürlich bei den "Hartzlern" -da kann derlei nicht angehen! Immerhin geht es hier ja nicht um Millionen -sondern um mehrere hundert Euro. Und wenn man schon arm ist -dann soll man, bitte schön, immerhin gefälligst wenigstens ehrlich sein! So ist das.

Wie gesagt. Es stimmt. Es gibt faule und egoistische Menschen auch unter ALG II-Berechtigten. Wie viele mögen es sein?
Nun, soweit ich weiß, hat einmal ein politisch tief, tief schwarzer Mensch, der irgendwie halbwegs wichtig war, ins Internet die bis dato höchste aller Schätzungen geflüstert: FÜNFZEHN PROZENT! ... BOAH! Also nur 85% Prozent Unschuldige. Das gibt zu denken, klar.

Bei solchen Behauptungen, also jemand WOLLE nicht- da ist einiges zu bedenken. Und zwar ganz unterschiedliche Dinge.
Die weiß ich, weil ich recherchiert habe. Und vor allem weil ich lange Jahre Fallmanager war und zuvor auch schon ähnliche Arbeit gemacht hatte.
Es gibt da z.B. einen Satz, der klingt auf den ersten Blick etwas verzwickt. Ist aber eigentlich gar nicht so schwierig.
"Nicht-Wollen schließt Nicht-Können NICHT aus!"
Hiermit ist zwingend die Frage verknüpft, ob das jobcenter eine "moralische Anstalt" ist.

Ist es nämlich nicht.
Häufig, nein sehr häufig, werden Äußerungen des "Nicht-Wollens" sanktioniert. Ebenso ein scheinbares (!) Verweigern durch Tun oder Unterlassen. Und das ist selbst unter heutigen Zuständen eigentlich VERBOTEN!
Selbst in der heutigen, desolaten Lage wäre es eigentlich zwingend, zunächst zu beweisen, dass dieser Mensch das was er soll, auch kann.
Zu abstrakt? Wahrscheinlich. Ein Beispiel.

Ein männlicher Mensch. Mittleren Alters. 1,95 Meter groß. Etwas kantig auftretend, aber Muttersprache Deutsch und in der Lage sich zusammenhängend zu äußern. Ein Jobangebot. Überraschung: im Call-Center.
Reaktion des Herrn: "Sind Sie noch gescheit! Ich will nicht da rum reden. Und dann für den mickrigen Lohn! Haben Sie nichts im Freien? Oder in einer Fabrik, oder so? Nein? Ja, egal. Mache ich jedenfalls nicht!"
Fall erledigt. 30 % Sanktion. 3 Monate lang. Demnach gut 100,- Euro weniger jedes Mal. Von dreihundertnochwas.
Bestraft wurde: die Äußerung des Herrn.
Denn: KONNTE er im Call-Center arbeiten? Nein. Konnte er nicht. Derlei hat er auch noch nie gemacht. Denn er hat eine mittelstarke soziale Phobie. Auch wenn er den Begriff selber gar nicht kennt. Er weiß nur sehr genau, dass er es nie länger als vielleicht höchstens eine halbe Stunde in einem Zimmer aushält, wenn mehr als ein, zwei andere Personen außer ihm da sind. Dann bekommt er Panik und muss nur noch weg und raus. Egal unter welchem Vorwand. Allein die Vorstellung mit Dutzenden anderer Menschen in kleinen "Kabäuschen" stundenlang in einem Raum zu hocken, treibt ihm den kalten Angstschweiß den Rücken runter. Zugeben- wird er das alles aber nie im Leben! Er ist erwachsen. Er ist ein Mann. Er war immer "der Große". Nee, alles! Aber bloß so was nicht zugeben! Nachher schicken die einen noch zum Irrenarzt!

Das klingt wie ein konstruiertes Beispiel. Ist es aber nicht.
Es gibt viele andere Dinge. Wer zu einem Termin nicht erscheint und den Brief (wird mit normaler Post versandt!) nicht bekommen hat: muss das BEWEISEN! Wie denn? Schon sind jeweils 10% Kürzung für 3 Monate fällig.
Es gibt larvierte Depressionen, es gibt akute, schwere soziale Krisen, uvm. Gerade in solchen Situationen macht man dann zuweilen tatsächlich "Fehler"... "Geholfen" bekommt man daraufhin mit einer Sanktion.

Und nein- ich bin weder blond, noch blauäugig. Natürlich gibt es auch diese 15%. Wobei andere, bessere Quellen sich da eher bei Schätzungen von um die 3-8 % bewegen, übrigens.
Ein guter Teil von diesen hat bewusste oder instinktive "Überlebensstrategien". So jemand wird jeden Brief bekommen, bzw. sich selbst immer mal melden. Er wird sich auch im Call-Center bewerben. Ein wenig schmuddelig, ein wenig mit verwaschener Sprache, von der Zeit her sehr knapp, fast unpünktlich. Begeisterung wird er nicht viel zeigen. Er hat sich vorgestellt. Er wird nicht genommen. Er hat wieder seine Ruhe und keine Sanktion.
Könnte man solche Menschen "überführen"? Widerspruchs- und Gerichtsfest? Vielleicht. Aber selten. Und nur mit immensem Aufwand.

Bei dieser Gelegenheit. Wenn man SEHR ungünstig rechnet, haben wir ca. 4 arbeitslose und verfügbare Menschen -für EINE offene Stelle.
Selbst wenn man da nochmals einen abziehen würde (wg. "faul" und sonstiges). Dann

wären es noch immer 3. Drei, die willig, arbeitslos und verfügbar sind!
War es nicht ursprünglich mal Aufgabe von Arbeitsamt und jobcenter, offene Stellen zu besetzen? War es nicht Aufgabe, das möglichst nachhaltig zu tun?
Was wäre nachhaltiger, als sich motivierten und interessierten Menschen zu zu wenden und diese zu fördern und zu qualifizieren?
Sicherlich nicht "Hatz" auf zu sanktionierende Menschen zu machen!

Ein paar "Drückeberger" gibt es in jedem System. Gab es vor Hartz IV, gibt es jetzt, wird es in jedem System geben.
Umfragen zum Thema der Einführung eines BGE (Bedingungslosen Grundeinkommen) haben ergeben, dass deutlich mehr als 2/3 der Menschen weiterhin arbeiten würden- auch wenn sie sich durch diese Arbeit nur noch relativ wenig zum garantierten Grundeinkommen hinzu verdienen würden. Ebenfalls deutlich mehr als 2/3 aller Befragten gaben allerdings auch an, sie seien sicher, ihr Nachbar würde in diesem Falles sofort "alles fallen lassen" und nie wieder irgendetwas arbeiten ...!

Das führt zum Thema Niedriglöhner. Es ist ein MÄRCHEN (!) manche ALG II-Bezieher hätten "mehr", als jemand der für schmales Geld arbeitet! Eine solche Konstellation ist schlicht unmöglich. Trotzdem wird das Märchen gerne erzählt. Von wem ersonnen, kann ich mir gut denken. Leider aber auch von vielen Niedriglöhner_innen weiter erzählt.
Wer weniger als den ALG II-Satz verdient -kann dies durch das jobcenter aufstocken lassen. Dabei bleiben die ersten 100,- Euro des Verdienstes stets anrechnungsfrei. Meist mehr und je nach dem. Aber so ist es. Das ist das absolute Minimum, 100 mehr. Und weniger ist nicht "konstruierbar"!

In der Tat ist es natürlich heute so, dass ein Abstand bestehen soll, zwischen durchschnittlichen Löhnen und ALG II. Und der wurde zunehmend geringer über die Jahre.
Da stimmt also etwas nicht, richtig. Doch ist es so: der ALG II-Regelsatz ist äußerst knapp bemessen. Und die Löhne sinken.
BEIDES müsste erhöht werden. Das ALG II sollte auf ein menschenwürdiges Niveau angehoben werden. Zu Niedriglöhnern wäre dann letztlich kaum noch Unterschied.
Dieses jedoch nur, weil in diesem Segment schon immer zu wenig gezahlt wurde- und weil dieses Wenige in den letzten Jahren noch weiter absank!
Ein kräftige Erhöhung wäre also hier zeitgleich dringend angebracht!

Soweit einmal ein Teil der Fakten und Schlussfolgerungen, die das Argument "kein Freibrief für Faule!" deutlich widerlegen.

"Niemand ist schließlich gezwungen im jobcenter zu arbeiten!"

- Blog kopfmahlen am 08.09.2014 -

HEROES
"I, I will be king
And you, you will be queen ..."

Niemand ist schließlich gezwungen im jobcenter zu arbeiten!
- so hört man es immer wieder einmal aus der radikalkritischen Ecke der Bewegung gegen HARTZ IV.
Damit verbunden ist dann in der Regel eine strikte Ablehnung und Aburteilung eines jeden Menschen, der in einem jobcenter arbeitet, einmal gearbeitet hat, oder der für Menschen dieser Art auch nur irgendein Verständnis zeigt.
Da nützt es auch nichts, wenn man (wie unter anderem auch Inge Hannemann) mittlerweile selbst zu den scharfen Kritikern des Systems gehört. Dies wird dann als unwahr, vorgeschoben, usw. angesehen, bzw. werden auch völlig andere, schlimme und eigensüchtige Motive krampfhaft hinein gedeutet.

Nein- Weltbild und Feindbild müssen klar, sauber, übersichtlich und gut handhabbar in Schwarz und Weiß sortiert sein -und bleiben! Da gibt es kein Vertun, da gibt es nichts zu verstehen und auch nichts nachzuvollziehen.
Wo kämen wir denn da sonst hin?!

Vielleicht sogar in einen Dialog, vielleicht mit einigen sogar in eine Kooperation, in ein breites Bündnis gegen einzelne, üble Punkte und Auswüchse des HARTZ-Systems?
Doch wer könnte so etwas schon wollen!
Das riecht doch nach Fraternisierung, nach Verbrüderung und Verteidigung und nach Verständnis für die "Meute der Systemschergen", die "dickfelligen Beamten auf Lebenszeit", die mit ihren "faschistoiden Schikanen" lediglich eine und wirklich nur eine Freude im Leben haben: Menschen zu sanktionieren und in Hunger und Selbstmord zu treiben ...!

Doch nun zu etwas völlig anderem. Der Realität.
Doch eins vorab: richtig- es gibt sie. Wie überall.
Bei vielen Tausend Mitarbeiterinnen und Mitarbeitern- da sind dann auch diese und jene dabei. Menschen mit sozialen Defiziten, unreife Persönlichkeiten, Choleriker, etc. pp.
Und ja- auch Beamte auf Lebenszeit gibt es.
Alles kein Thema.
Besondere Entgleisungen dieserart Typen sollten mit möglichst kaltem Blut akribisch dokumentiert und sodann formal korrekt an die zuständigen Beschwerdestellen, notfalls auch an die Öffentlichkeit gebracht werden. Sollte da manchmal Geduld und Beharrlichkeit notwendig sein- sollten wir diese aufbringen.

Ende 2004 begannen (im Detail durchaus hektisch) die Vorbereitungen auf die Umstellung Sozialhilfe / Arbeitslosenhilfe ---> HARTZ IV / ALG II.
Die jobcenter (damals ARGEn) verfügen bis heute über kein eigenes Personal.
Um es (nur scheinbar) grob verkürzt zu sagen: ein "arg bunt durcheinander gewürfelter Haufen" war das, der nun in Arbeitsämtern, in den Kommunen und auch extern rekrutiert wurde. Sowohl was den Bereich Leistung (Geld), als auch was den Bereich

Arbeitsvermittlung / Fallmanagement betraf.
Berufliche Ausbildung, Vorerfahrung, Motivation, Befähigung, etc. waren in hohem Maße unterschiedlich ausgeprägt. Auch beruflich völlig fachfremd qualifizierte und gänzlich für einen Wechsel unmotivierte Menschen waren reichlich dabei. Eine wirkliche Wahl hatten aber die wenigsten.
Zudem wurde das neue Vorhaben "SGB II / ALG II" gänzlich anders verkauft, als es sich dann später entwickelte. So seien von den Fallmanager_innen "etwa 75 Menschen" zu betreuen und zu beraten. Die Sanktionen seien nur unwillig und auf Wunsch der Politik mit ins Konzept genommen worden. Sie würden auch nur das letzte "pädagogische Mittel" darstellen -und eigentlich eher ein Hinweis darauf sein, dass der Fallmanager seine vorherige Arbeit vielleicht nicht wirklich optimal gemacht habe. Und das waren alles keineswegs nur mündliche Beteuerungen- die entsprechenden Konzepte lassen sich sogar heute noch im Internet schriftlich auffinden!
Von 300 - 400 Fällen, einer grotesken und immer mehr ausufernden EDV (inklusive umfangreicher Dokumentationspflichten), von verschärftem Controlling, vom Druck der Maßnahmelobby, von Sanktionsquoten und vielem mehr war also keineswegs die Rede.
Im Laufe der ersten Jahre begann man sich einzuarbeiten und einzuspielen aufeinander. Einige "flüchteten" bereits jetzt, bewarben sich immer wieder auf auch nur halbwegs in Frage kommende Stellen außerhalb des jobcenters -oder wurden gar dazu gedrängt.
Vieles wurde schlimmer und schlimmer, erste Widerstände regten sich- und wurden beschwichtigt, vertröstet, versandeten. Auch gebrochen wurden sie dann später zum Teil.
Ein neuer Trend zeichnete sich anschließend klar ab: "Frisches Blut, dynamische, engagierte Menschen in die jobcenter!" -so der OFFIZIELLE Text. Der offizielle.

Um es anders herum anzugehen.
Wen finden wir heute in den jobcentern als Mitarbeiter_innen vor?

Etliche von diesen Menschengruppen:
- Quereinstelger_innen, die woanders "schnell weg mussten" (oder wollten)
- Alleinerziehende
- Menschen mit (mehreren) Zeitverträgen (hintereinander) und ungewisser Aussicht auf Verlängerung
- Menschen in Teilzeitbeschäftigung (mit Interesse an und vager Aussicht auf spätere Umwandlung in Vollzeit-Arbeitsverhältnisse)
- Berufsanfänger_innen
- Angehörige junger, eigener Familien mit Kleinkindern (und ggfl. "Häusle-Hypothek")
- "Umsiedler_innen" aus anderen Bundesländern, die beginnen, hier eine neue Existenz aufzubauen

Sowie:
- Ältere und / oder gesundheitlich angeschlagene Menschen, die bei Kündigung sicher in diesem Leben keine andere Arbeit mehr fänden

Und zugegeben auch:
- gleichgültige, verbeamtete Menschen, die emotional eher als "schwingungsarm" zu sehen sind
- ältere, resignierte Menschen kurz vor der Rente / Pension
- jüngere, aufstrebende Kräfte (Stichwort: "Karriere").

Ein Großteil dieser Gruppen ist durch selbstbewusstes Auftreten und Druck durch die

Vorgesetzten gut lenkbar und formbar. Eigenständige ethische Überlegungen werden nicht gefördert, im Gegenteil durch subtile, einseitige Informationen unterminiert und manipuliert. Wo dies nicht reicht, "kommen Zahlen auf den Tisch", wird Druck gemacht und mit vagen Versprechungen operiert (ein bisschen "Zuckerbrot" muss ja auch sein). Ein immer ausgefeilteres, computergestütztes Controlling optimiert diese Abläufe deutlich.

Ein kleine Exkurs noch:
Auch das Kontingent der Beamten kann es sich nicht wirklich ohne Weiteres leisten "aufzumucken". Im Gegenteil ist es fast schon erstaunlich, wie offen diesen im Falle des Falles gedroht wird.

Bei wem die Karte "Karrierestop" nicht (mehr) sticht -dem wird dann die Zuweisung "unterwertiger Arbeit" signalisiert. Und - vor allem - kommt eine "Karte" zum Einsatz, über die hier nur die BA als Bundesbehörde verfügt. Eine "bundesweite Erprobung" wird offiziell für unerwünschte Verhaltensweisen angekündigt.
Wer:
- nicht zu sehr an seiner derzeitigen Arbeit und seinen Kolleg_innen hängt
- gesundheitlich gut fit ist
- gern reist und Abwechselungen genießt
- keine Kinder und Partner_in hat,
etc. ...
Dem mag es vielleicht nicht so viel ausmachen, z.b. ein Jahr lang kreuz und quer durch die Republik geschickt zu werden, jeweils zur Arbeit für einige Wochen oder wenige Monate an diesem und dann wieder am entgegen gesetzten Ende des Landes ...
Aber nur dem.

Wie dem auch sei.

Einem Druck kann man widerstehen, subtile Beeinflussung kann man als solche erkennen, eigenständiges Denken lässt sich erlernen, eine ethisch-moralische Selbsterforschung ist ebenso grundsätzlich Jeder und Jedem möglich.

Doch wie steht es mit anschließenden substanziellen Schritten / Konsequenzen? Wie steht es mit ihren Folgen und mit der damit verbundenen Verantwortung?

Ich brauche nun hier nicht alle oben genannten Gruppen "durchzudeklinieren". Da liegt vieles auf der Hand, denke ich. Der fitte, junge Mensch der "geschaßt" würde- fände nach einiger Zeit evtl. wieder etwas neues. Der ältere kranke Mensch jedoch nicht. Dafür steht beim Jüngeren aber ggf. die Mitverantwortung für ein Kleinkind, oder zwei an. Usw.

Ja. Ja, eine Heldin, einen Helden kann man sich ausmalen.
Eher jünger. Gesund. Noch ungebunden. Jedoch nicht zu jung, aber mit guten Qualifikationen und Berufserfahrung. Nicht karrierefixiert. -Ja. Ich denke, das wäre es in etwa. Wenn diese Person im jobcenter arbeitet und durchschaut, was da alles eigentlich wirklich so gespielt wird. Und wenn sie dann noch ein Hirn im Schädel, ein Herz in der Brust und einen Hintern in der Hose hat ...!
Dann wird sie hingehen und heftigst auf den Tisch klopfen. Und sich auch weder drohen, noch sich beschwichtigen lassen. Sie wird öffentlich machen, was öffentlich zu machen ist -und erhobenen Hauptes das so genannte "jobcenter" verlassen.

So eine Heldin, so einen Helden -kann ich mir vorstellen.
Bei allen anderen Menschengruppen, die ich weiter oben schilderte, fällt mir das schwerer. Und zum Teil VIEL schwerer!

Wir alle sind uns, denke ich darüber hinaus, ja wohl vollkommen darüber im Klaren, dass eine offene Arbeitsverweigerung im jobcenter keinem einzigen Kunden, keiner einzigen Kundin auch nur das geringste bringen würde. Der Teamleiter und die Kolleg_innen bekämen die Kunden "umverteilt", bis man einen neuen AV / FM gefunden hätte, der "erst mal mit Zeitvertrag" die Fälle weiter bearbeiten würde.
Es wäre also eine rein symbolische Geste.

Ich sage:
Die qualifizierten, guten Fallmanager_innen vor Ort erreichen da IM Büro, wenn kein Chef zuguckt, wesentlich mehr, durch passiven Widerstand. Wahrlich!
Ich weiß: Es gibt nicht wenige Mitarbeiter_innen, die - noch anonym - in Foren und Blogs kritisch aktiv sind.
Ich weiß: Es gibt so einige, die verdeckt interne Informationen an die Hartz IV-kritische Szene zuliefern.

Dennoch freue ich mich natürlich über Jede und Jeden, der noch mehr tut, die Deckung verlässt, offen kritisiert, etc.!

Es ist jedoch weit gefehlt, Menschen die den hohen persönlichen Mut hierzu noch nicht fassen konnten, zu verurteilen!
(Dieser Mut beinhaltet oftmals ja nun mal zusätzlich die Fähigkeit, auch die Interessen der Partner_innen und eigenen Kinder, etc. hintanzustellen.)
Beschimpfungen als Feigling und "Mitläufer wie bei den Nazis!" -sind da völlig fehl am Platze!
Von jedem, der sich zu solch` Beleidigungen hinreißen lässt- verlange Ich zumindest kategorisch vorab einen belegten Beweis, dass er ähnliche Heldentaten bereits selbst vorzuweisen hat.

"Niemand ist schließlich gezwungen im jobcenter zu arbeiten!" Richtig.
Aber -ganz so leicht kann man sich die Sache nicht machen, ganz so leicht lässt sich dieser Themenkreis eben NICHT vom Tisch wischen!

Ich persönlich plädiere für Kooperationen, für Bündnisse, für gegenseitige Unterstützung -im engagierten Einsatz gegen das unlogische, unwirtschaftliche und inhumane System Hartz IV!
DANN können wir, immer wieder und immer öfter sagen:

"Though nothing will drive them away
We can beat them, just for one day
We can be Heroes, just for one day
...
We can be Heroes, for ever and ever"!

MfG
Burkhard Tomm-Bub, M.A.
...
Ex-Fallmanager"

Hartz IV: Mehr "Drückeberger"! Mehr "bequem-Einrichter"!

- Blog kopfmahlen am 03.10.2014 -

Das unsägliche Wort "Drückeberger" prangte kürzlich wieder einmal in riesigen Lettern auf der Titel-Seite des verbreitetsten Hetzblattes der Republik.
Dauerhaft verlässlich im Internet abrufbar sind aber nun einmal die Zahlen der offenen Stellen und der arbeitslosen Menschen. Die in einem krassen Missverhältnis stehen.

Dass die Zeitarbeit, Minijobs, befristete Arbeitsverhältnisse und der Niedriglohnbereich seit 2005 in Deutschland boomen, wird auch niemand ernsthaft bestreiten.

Welche Menschen(gruppen) hinsichtlich der Zuständigkeit den jobcentern zugewiesen wurden, dürfte bei wenigen Minuten Nachdenken eigentlich auch offensichtlich sein, macht man sich klar, dass "drei Stunden leichte körperliche Arbeit täglich theoretisch möglich" neben der Bedürftigkeit de facto das einzige Zugangskriterium darstellt.

Unter Generalverdacht stehend, zur akribischen Dokumentation verpflichtet, kontrolliert und teils schier überwacht, muss der "gemeine Hartzler" es sich bieten lassen, als "Drückeberger" öffentlich angeprangert zu werden und auch das Wort vom "bequemen Einrichten" in der "Sozialen Hängematte", macht immer mal wieder die Runde.

Was ich nicht könnte, mit klar weniger als 400,- Euro im Monat, ohne sonstige finanzielle Ressourcen, versehen mit einer Wohnung "erkennbar unter dem Durchschnitt", um mich weiter gehend zu "motivieren", was ja ganz besonders "sinnvoll" ist bei älteren, eingeschränkten, alleinerziehenden, in schweren Krisen befangenen Menschen und ähnlichen ...

Der schwärzeste Politiker von dem ich je hörte, stellte einmal die Vermutung an, ca. 15% der ALG II Empfängerinnen und Empfänger gehörten wohl zu den "Faulen und Drückebergern". Die tatsächliche Prozentzahl dürfte klar darunter liegen (sofern man sich überhaupt auf diese Nomenklatur einlässt).

Und da sage ich: das wären immer noch klar zu wenige! Da müssten viel mehr davon her. Das wäre - eventuell - auch erreichbar, denke ich. Wenn endlich die Sanktionen ersatzlos gestrichen würden und man den Regelsatz deutlich anhebt.

Wie schon angedeutet. Liebt man die Bundesagentur für Arbeit heiß und innig und folgt gänzlich besinnungslos ihren Zahlenspielereien -kommt man noch immer auf ein Verhältnis von ca. 5,4:1. (Das tatsächliche Missverhältnis liegt allerdings deutlich höher!) D.h. auf jede offene Stelle kommen minimal fünf verfügbare und willige arbeitslose Menschen (Stand 31.07.2014) (4)

Nicht jede Stelle passt zu jedem. Etliche der heutigen Arbeitsstellen sollte man auch real eigentlich NIEMANDEM zumuten -nicht unter den jetzigen Arbeitsbedingungen, Überstunden"regelungen", Befristungen bei sehr schlechter Bezahlung, etc.
Es bestände aber in jedem Falle eine sehr reiche Auswahl, um die geeignetsten Menschen daraus auszusuchen, sie intensiv und im positiven Wortsinne weiter zu motivieren, sinnvoll zu qualifizieren und dann auch zu vermitteln.

Und DAS- wäre ja nun auch die eigentliche Aufgabe von BA und jobcentern. In Form eines echten (!) Fallmanagements- kann man weiters auf gänzlich freiwilliger Basis anbieten, geeignete zusätzliche Hilfen zu koordinieren, in besonderen Lebenslagen. Punkt!

Was dagegen heutzutage vorfindbar ist, in den jobcentern, ist sehr weit davon entfernt, folgt den Einflüssen der Maßnahme-Lobby, ist sehr orientiert an Wirtschaftsfreundlichkeit, ist EDV- und dokumentationsverliebt, setzt intern und extern falsche und praxisferne Anreize, hat als Bibel die Statistik, controlled und überfordert die Mitarbeiter_innen in vieler Hinsicht.

Der humane Sozialstaat in einem der reichsten Länder der Erde wird verraten und verkauft, der ärmste Teil der Bevölkerung mit Sanktionen auf das Existenz-Minimum (!) bedroht, die Niedriglöhner_innen in Angst und Schrecken gehalten und aufgehetzt gegen "die Hartzler". Die Mittelschicht schließlich finanziert zum großen Teil dieses Bündel an unsinnigen Maßnahmen, unlogischer Kontroll- und Strafsystemen und überbordender Bürokratie.

Diese Tatsachen möglichst breit bekannt zu machen, erscheint mir als eine der wichtigsten Aufgaben.

Burkhard Tomm-Bub, M.A.
...
Ex-Fallmanager

ZEITARBEIT

- Blog tombbloggt, ursprünglich verfasst für: http://www.der-wildweststeirer.at, am 01.08.2013 -

Es gibt mehrere und vollkommen unterschiedliche Betrachtungsweisen, die den Komplex der Zeitarbeit darstellen können. Die hier angeführten konkreten Details beziehen sich vor allem auf die Bundesrepublik Deutschland und einige andere Staaten. Z.b. in Österreich existieren jedoch abweichende Sachverhalte.

Das umgebende System
Gehen wir zunächst vom System aus. Das herrschende System heißt (ganz wertfrei): Kapitalismus.
Der Kapitalismus ist von seinem Wesen, seinen Strukturmerkmalen her gesehen, auf bestimmte Dinge ausgerichtet.

a) Mit möglichst geringem materiellen Aufwand den höchstmöglichen Gewinn zu erzielen.

b) Zu wachsen, größer zu werden, sich auszubreiten.

c) Die Umwelt wird als Produktionsfaktor betrachtet.

d) Menschen, Arbeitskräfte, Humankapital werden ebenfalls als Produktionsfaktor betrachtet.

e) Das Maximierungsprinzip gilt kurzfristig, mittelfristig und langfristig. Kurzfristige Erfolge dürfen mittelfristige Erfolge nicht (zu sehr) beeinträchtigen. Mittelfristige Erfolge dürfen langfristige nicht (zu sehr) beeinträchtigen.

f) Gesetze, ethische Prinzipien, u.ä. sind nur insoweit interessant, als sie dem Unternehmenserfolg dienen, bzw. insofern ein Verstoß dagegen die Erfolge schmälern würde. Ansonsten sind sie irrelevant.

g) Eine persönliche Verantwortung hinsichtlich der Faktoren unter "f)" existiert nicht mehr. Diese Verantwortlichkeit für das Handeln, das Tun und Unterlassen, verflüchtigt sich als dünner Nebel in den Strukturen des jeweiligen kapitalistischen Unternehmens. Sie wird mit dem Effekt einer anschließenden Ungreifbarkeit vom System assimiliert.

h) Widerstand ist zwecklos.
Diese Prinzipien und kapitalistischen Strukturmerkmale gelten für jedes identifizierbare Element im System, id est: jede Firma, jedes Unternehmen. Viele Firmen gehören Konzernen, doch ist dies an dieser Stelle weitgehend uninteressant. In seltenen Fällen sind strategische Lenkungsimpulse / – Strategien natürlich sinnvoll. Ansonsten lassen sich, selbst bei direkter Konkurrenz der Einzelelemente, noch Synergieeffekte erzielen. Wenn ich, schlau wie ich bin, vom Baumarkt rüber gehe zum Praktiker, weil ich weiß, dass da Daumenschrauben 15% billiger sind – hervorragend! Der Kunde fühlt sich gut und beide Ketten gehören demselben Mega- Konzern!

Konkrete Auswirkungen

Doch worum ging es? Um Zeitarbeit. Menschen, Arbeitskräfte, Humankapital werden ebenfalls als Produktionsfaktor betrachtet. Menschen haben sehr unangenehme Eigenschaften. Urlaubsansprüche, u.ä. sind noch verkraftbar: auch Maschinenteile müssen gewartet und überholt werden.

Unerwartete Sonderurlaube, nicht vorher berechenbare Leistungsschwankungen, Schwangerschaften, Bildungsurlaub und insbesondere Erkrankungen und Eigenkündigungen sind jedoch für ein optimales kapitalistisches Unternehmen schwer bis überhaupt nicht akzeptierbar. Staatliche Eingriffe (Kündigungsschutz für Schwerbehinderte, Mutterschaftsurlaub, etc. pp.) erschweren es weiter, das Maximierungsprinzip einzuhalten.

Menschen sind ein heikler und aufwendiger Produktionsfaktor. Maschinen und Ersatzteile sind hier wesentlich umstandsloser zu handhaben.

Zeitarbeitsfirmen

Hier nun treten Zeitarbeitsfirmen auf den Plan. Sie helfen den Einzelunternehmen, diesen Produktionsfaktor deutlich stärker zu entpersonalisieren, zu entmenschlichen, den anderen Faktoren ähnlicher und ihn berechenbarer zu machen. Gegen eine Entschädigung werden passgenaue Personen gestellt, das Risiko für einen unerwarteten Ausfall übernehmen die Zeitarbeitsfirmen. Der Mensch wird umdefiniert zum Ersatzteil, zum Nutzen Aller.

Nun ja, fast Aller. Die Entschädigung für die Zeitarbeitsfirma ist eine unangenehme Einschränkung für das einzelne Unternehmen. Doch sie kann neutralisiert werden durch den Transfer auf die Arbeitnehmer – der Lohn wird abgesenkt. Ein günstiges "Klima" für derlei herrscht immer dann, wenn keine Vollbeschäftigung, sondern ein gewisser Grad an Arbeitslosigkeit im umgebenden Umfeld (Staat, Land, Königreich, Diktatur, was auch immer, das ist egal, Hauptsache so stabil wie möglich) besteht.

Größere soziale Unruhen sind jedoch (wegen der Planbarkeit) andererseits auch nicht wünschenswert. Dankenswerter Weise treten in dieser Hinsicht in modernen Industrie – und Dienstleistungs – Gesellschaften oft die Regierenden hilfestellend auf. Werden Löhne gar zu niedrig, werden dem Humankapital aufstockende Leistungen gewährt, oder die Firmen erhalten staatliche Leistungen, die sie zum größten Teil zwecks Befriedung an die menschlichen Produktionsfaktoren weiter leiten können. Sollten hier einmal Motivationsprobleme bei den Lobbysierten auftreten die nicht durch finanzielle Zuwendungen beseitigbar sind, hilft oftmals ein Hinweis auf den Erhalt von Arbeitsplätzen, auf die globale Konkurrenz – Situation, u.ä.

Andere Sichtweisen

Dies ist eine der möglichen Sichtweisen. Sie ist in sich geschlossen und logisch. Es wäre völlig verfehlt, sie unmoralisch oder unethisch zu nennen. Diese Kriterien kommen hier schlicht nicht vor, sie sind einfach nur wesensfremd und irrelevant. Eine Klassifizierung als a-moralisch und ethikbefreit wäre demnach also weitaus treffender. Eine andere Sichtweise ist die, dass ein zeitarbeitender Mensch mehr Geld verdient als er mittels ALG II erhält und er sich mittelfristig eine größere Chance auf einen regulären Arbeitsplatz schafft, als wenn er jahrelang arbeitslos bleibt. Beides ist im Kern nicht bestreitbar und ist dem Einzelnen, dem Menschen dienlich. Es taugt allerdings auch vorzüglich als ideologischer Überbau und als soziales "Deckmäntelchen".

(BukTom Bloch aka Burkhard Tomm-Bub, M.A.)

Bedingungsloses Grundeinkommen (BGE)

- Blog tombbloggt, am 14.09.2013 -

Schon seit Jahren sehe ich persönlich ein Bedingungsloses Grundeinkommen (BGE) mit zusätzlichem freiwilligem Beratungs- und Hilfeangebot als die einzige saubere, ethische, vernünftige und absolut auch finanzierbare Lösung des herrschenden Dilemmas an.

* Wenn es schlicht nicht mehr genug gesellschaftlich als solche definierte „Arbeit" für JedeN gibt (*).

* Wenn Menschen, die „maximal 3,- Stunden leichte, individuell angepasste Arbeit" täglich leisten können, bis zum Rentenalter hin sämtlichen Verpflichtungen und Forderungen durch das ALG II – System unterliegen, dies bei zunehmend härteren und anspruchsvolleren Ansprüchen eines kapitalistischen Arbeitsmarktes.

* Wenn Unsummen in groteske, praxisferne EDV – und Controlling – Systeme investiert werden und hiermit schier aberwitzige Dokumentationspflichten für die Mitarbeiter_innen verknüpft werden.

* Wenn willfährig den Ansprüchen der Maßnahmeträger – Lobby nachgegeben wird und somit eine ursprünglich gar nicht so dumme Grundidee ruiniert und diskreditiert wird.

* Wenn man bei „Nichterfolg" stets nach dem Motto: „mehr desselben" verfährt – und dann bei noch schlechterem Erfolg anschließend nach dem Motto: „nun erst recht – nun VIEL mehr davon!".

* Wenn das ursprüngliche und fundierte Beratungskonzept in der Praxis seit Jahren zu einer traurigen Karikatur, zu einem abschreckenden Zerrbild seiner selbst absichtsvoll deformiert wird.
...

* Wenn Unsummen in Investigation, Kontrolle und Sanktionierung der Kund_innen investiert werden.

* Wenn auch reine „Mitnahme – Prämien" bei Einstellungen für Firmen als geeignetes Instrument der „Hilfe" angesehen und „verordnet" werden.

* Wenn weiterhin „die da Oben" meinen, ungeachtet des eigentlichen Konzeptes sei es in Hinblick auf Effektivität und Effizienz doch eigentlich völlig egal, ob man nun 75, oder eben 300 – 400 Fälle zu bearbeiten hat, als Fallmanager_in.

* Wenn als Fallmanager_innen schließlich nicht, wie geplant, besonders ausgebildete und erfahrene Menschen eingesetzt werden, sondern ein „bunter Strauss" Menschen aus Leistungsabteilungen, Auffanggesellschaften, Quereinsteiger_innen, uvm.

* Wenn schließlich diese Menschen dann „vorerst" nur in Teilzeit, mit Zeitverträgen, mit mehreren Zeitverträgen hintereinander, usw. eingestellt werden.

Wenn das alles so ist.

UND: ES IST SO!

Dann haben wir mit absoluter Sicherheit das Recht und auch die Pflicht, aufzustehen. Und zu sagen: „Nun reicht es. Schluss!"

Hartz IV / ALG II ist gescheitert. Eindeutig, in beschämender, trauriger und ethisch höchst bedenklicher Art und Weise.

Die selbst gesetzten Ziele wurden nicht erreicht. Das Wohl der Bürgerinnen und Bürger wurde nicht gemehrt, sondern gemindert. Und wirkliche Einsparungen oder Gewinne wurden auch keineswegs erzielt.

Die Ziele mögen zum Teil einmal gut gemeint gewesen sein.
Die Architekt_innen des Beratungskonzeptes, des beschäftigungsorientierten Fallmanagement (bFM) in Deutschland, sind mir zum Teil / mehr oder weniger persönlich bekannt. Ich nenne hier einmal Frau Siglinde Bohrke – Petrovic (mittlerweile im Ruhestand), u.a. eine von zehn Verfasser_innen des offiziellen BA-Leitfadens. Es sind dies nach meiner Beurteilung ehrenwerte Menschen – die alles andere als das, was sich hierzulande und heutzutage abspielt, seinerzeit gewollt und geplant (!) hatten!
Das durch Politiker, Lobbyisten und karriereorientierte hohe Verwaltungsmenschen verursachte Ergebnis vor Ort: ist ein Desaster, eine Katastrophe!

* * * * * * *

Mein persönliches, vorläufiges FAZIT:

Ich werde ab und an gefragt, welche Variante des BGE ich denn nun empfehlen und bevorzugen würde.
Oft folgt dann eine gar nicht mal so kurze Liste mit bisher bereits entwickelten Modell-Vorschlägen.
Kann man eindeutig für ein BGE sein und sich auch sicher sein, dass es finanzierbar ist, OHNE hier ausführliche Tiefenkenntnisse, vorgesehene Modalitäten und Berechnungs-Statistiken zu kennen und erläutern zu können?
Ich denke: Ja!

Mit den Planungen und Berechnungen ist das immer so eine Sache. Negativbeispiele gibt es genug. Stuttgart 21, Euro-Hawk, BER, etc. pp.

Da war alles vorab von hochklassigen Fachleuten durchgerechnet und besiegelt ...!

Das darf aber nicht davon ablenken, dass man sich durchaus auch in die andere Richtung, also positiv, irren kann.

Ich weiß (!) dass ein BGE finanzierbar ist. Denn ich sehe, wie viele Millionen und Milliarden verschwendet werden. Ich sehe, was das HEUTIGE System ALG II / Hartz IV kostet!
Und ich weiß, aus meiner Ausbildung und meiner langjährigen, praktischen Erfahrung heraus, dass eine freiwillige Beratung und Hilfe, ein echtes Fallmanagement wirkliche Erfolge erzielen würde. Einige davon "nur" hinsichtlich einer sozialen Stabilisierung, "nur" in Bezug auf das optimale Management geeigneter Hilfen bei Lebenskrisen.

Aber oft eben auch im ganz realen, ökonomischen, volkswirtschaftlichem Sinne.

Sollte das dann tatsächlich immer noch nicht reichen (was ich nicht glaube): es gibt schon noch einige Steuern, die sich erhöhen lassen.
Ich sage mal so, z.b. bei Menschen ab 5000,- Euro Netto aufwärts. Und auch bei denen, die nun wirklich nicht mehr wissen, wohin damit, mit dem Geld.

Welches BGE-Modell?
Die Feinheiten einer konkreten Umsetzung ... ich bin da kein Fachmann und will mir daher da auch nichts anmaßen.
Wenn man nicht genügend Ahnung hat- darf man ruhig mal die Klappe halten, denke ich.

Vorstellen kann ich mir aber sehr gut erste Schritte.
Manche Dinge liegen ja nun auch in Wahrheit lediglich im definitorischen Bereich.

Was meine ich?

- Abschaffung sämtlicher finanzieller Sanktionen im ALG II-Bereich.

- Freiwillige Angebote hinsichtlich Arbeitsvermittlung, coaching, Fallmanagement, etc. Einige werden jetzt evtl. aufschreien. Aber ja: ich bin durchaus dafür, dass man dies dann auch allen Kund_innen z.B. alle drei Monate in Erinnerung bringt. Per Brief, ggf. Email, ggf. Anruf und durch öffentliche Kampagnen. Und, wo erforderlich, in der anderen Muttersprache.

- Erhöhung der Regelsätze. Um eine Hausnummer (id est: eine etwaige Größenordnung) zu nennen: beispielsweise um 200,- Euro pro Person. Das halte ich für bescheiden und es sollte natürlich ein automatischer Inflationsausgleich "eingebaut" werden. Wenn sich nach der Einführungsphase herausstellt (was ich annehme), dass höhere Beträge durchaus möglich sind- sollte diese Erhöhung natürlich auch wirklich stattfinden.

Soweit die Überlegungen eines einfachen Mannes von (ehemals) "vor Ort", der weder parteilich noch konfessionell gebunden ist.

BTB

* * * * * * *

(Nazi-) Sprache / Vergleiche

- Blog tombloggt am 08.08.2013 -

Es ist schon einige Jahre her. Vor dem Eingang des jobcenters (damals noch ARGE) war ein genehmigter Infostand kritischer Gruppen aufgebaut.
Zahlreiche Flyer, Broschüren, etc. waren ausgelegt. Und m.E. waren ca. 85 % der Inhalte zumindest absolut diskussionswürdig.
Oftmals wurde mit dem Megaphon einiges sehr laut in Richtung des Gebäudes gerufen.
Ein Nachteil davon war dann schon, dass unsere Kund_innen sich teils nur noch schwer mit den Mitarbeiter_innen an der Infotheke verständigen konnten. Aber nun ja. Ist ja nicht immer.
In der Mittagspause schaute ich mir die Flyer und Broschüren etwas näher an, verweilte dort ein wenig. Die "Chefin" der ganzen Aktion stand einen Meter neben mir, ergriff wieder einmal das Megaphon und rief sehr lautstark hinein: "Wer in diesem Gebäude arbeitet ist in jedem Falle zumindest nicht besser, als die Mitläufer im Nazi-Reich!!"

Auf twitter bezeichnete einmal ein mir zuvor bekannter Musiker und politisch aktiver Mensch die jobcenter als die "KZs der Neuzeit zur Vernichtung menschlichen Lebens". Auf Nachfrage bestätigte er mir, dass er mich da ausdrücklich mit einschließe, in diese Vorwürfe.

Auf youtube ist vermutlich noch heute ein "Informationsvideo" zu sehen. Dort hält ein durchaus intelligenter Herr Vorträge über Hartz IV, u.ä. Als erste Folie erscheint ein riesiger, unverkennbarer Judenstern -optisch ein wenig "umgemodelt" auf "Hartzler". Die Zuhörenden finden daran anscheinend nichts besonderes, als der Vortragende von seiner "scherzhaften, kleinen Provokation" redet, lacht man wohlwollend.

Mich aber graust es. Und ein deutlicher Schrecken erfasst mich und große Angst beschleicht mich.

Es ist nicht so, dass ich kein Verständnis für starke Emotionen hätte. Nicht immer, aber sehr oft zu Recht fühlen sich Betroffene falsch und schlecht und ungerecht behandelt. Man FÜHLT (!) sich versklavt, man fühlt sich schikaniert.
Einem eher handwerklich-praktisch ausgebildeten oder erfahrenen Menschen, der aus dem jobcenter heraus kommt und grad soeben mies behandelt wurde: dem würde ich es niemals übel nehmen, wenn ihm in der ersten Erregung ein: "Diese Sklaventreiber- das sind doch Nazimethoden!" entfährt.

Von allen Anderen erwarte ich aber deutlich mehr.
Kennen wir nur noch und ausschließlich SUPERLATIVE? Wie glaubhaft wirken wir als Kritiker mit diesem Brutalo-Slang?
Und- wie gehen wir dadurch mit den wirklichen Opfern des Nazi-Terrors um?

Ein mies gelaunter, sozial wenig kompetenter (da fehlbesetzter) PAP, der einem eine sinnlose Maßnahme anbefohlen hat (da diese unbedingt schnell voll besetzt sein muss) und der auch nicht vergessen hat, auf die zu erwartenden Geldkürzungen hinzuweisen, wenn man nicht antritt. Und dies ist dann auch noch derselbe PAP, den man sonst nie erreicht und der eigene, sinnvolle Vorschläge zuvor arrogant vom Tisch wischte. Und bei dem man heute 45 Minuten warten musste, bis man endlich dran war.

... das sind dann so sechs bis sieben Gründe, aus denen heraus man einen wahrhaft heiligen Zorn entwickeln kann.
Es gibt da dann auch schon mal Bombendrohungen (selbst im Hause erlebt: 2) und Amokdrohungen (selbst im Hause erlebt: 1), Ziegelsteinwürfe auf die Eingangstür (selbst im Hause erlebt: 1) und ähnliches.
Solche Aktionen führen zu Räumungen, alle Arbeiten werden für mehrere Stunden unterbrochen. Den Bearbeitungszeiten tut das nicht gut.
Dennoch habe ich für solche Reaktionen durchaus Verständnis.

KEIN Verständnis dagegen habe ich für Nazi-Vergleiche.
Die Nazis haben einen Weltkrieg vom Zaun gebrochen mit Abermillionen Toten. Volksgruppen wurden systematisch vernichtet. Menschen wg. ihrer "Rasse", richtiger: Religion, vertrieben, vergast, ermordet. Mütter vor ihren Kindern vergewaltigt, lebenden und toten Menschen die Goldzähne aus dem Mund getreten. Menschen mussten - wohl wissend, was gleich darauf geschehen würde - ihr eigenes Massengrab ausheben.
Ein Konzentrations-Lager ist NICHT vergleichbar mit der Pflicht, sich für Termine am nächsten Werktag bereit zu halten und bei Verstoß dagegen 10% des Regelsatzes für drei Monate zu riskieren. Außer man hat einen wichtigen Grund. Dann nicht mal das.
In einem Konzentrationslager war man nämlich wirklich gefangen. Männer, Frauen, Kinder, Alte, Kranke. Zumeist bis zum baldigen Tod. Bei schlechter Ernährung, ohne jede Chance und bei WIRKLICHER Zwangsarbeit.

Ähnliches gilt übrigens auch für die gern genommenen "Sklaverei-Vergleiche". Der Sklave war eine SACHE, seine Tötung durch Nichtbesitzer Sachbeschädigung. Schon beim Transport in die USA starben viele, oft der überwiegende Teil. Er hatte keinerlei Rechte. Es gab keinerlei Freizügigkeit, keine Beratungsstellen, keine Sozialgerichte, kein Garnichts. Die Arbeitsverpflichtung war nicht, wie bei so genannten 1,- Euro-Jobs, 5 mal in der Woche 6 Stunden, sondern in der Regel zumindest 6 Mal in der Woche 12 Stunden. Eher mehr. Und Urlaub gab es auch nicht.

Es gibt sehr zahlreiche Bezeichnungen und Vergleiche die wesentlich zutreffender und genauer sind.
Unfähigkeit, Unqualifiziertheit, soziale Inkompetenz, etc. pp.
Das SGB II mag man als verfassungsrechtlich zweifelhaft und bedenklich, als unethisch, oder auch als unwürdig bezeichnen.
Aber warum kann man nicht die Sklaven und die Nazis aus dem Spiel lassen?!

Ich hörte dann mal von jemandem:
"Och, joh ... Reg` Dich doch nicht auf! Der eine übertreibt halt gern ein bisschen- der andere nicht. Ist doch egal. Man weiß doch, was gemeint ist!"

Nun. Es ist so. Ich bin Antifaschist. Ich lehne Gruppierungen wie den NSU, die NPD und einige sich vorerst harmloser gebende Gruppen und Banden strikt ab!
Und ich bin auch NICHT der Meinung, dass man das "Holocaust-Zeugs doch endlich mal vergessen sollte".
In zehntausend Jahren nicht! Warum auch? Sich daran zu erinnern, dass Antisemitismus, dass Rassenhass allgemein, dass das Anzetteln von Weltkriegen, dass Diktaturen etwas äußerst entsetzliches und schreckliches sind -warum sollte man das vergessen?!

Genau das (!) tun aber Menschen, die ganz nebenbei, ganz belanglos und beliebig, gewohnheitsmäßig zu Nazivokabeln greifen! Begriffe wie "Nazi", "KZ" und ähnliche werden herabgewürdigt zu Vokabeln wie "üble Sache", "unprofessionell und unethisch", "höchst ärgerlich und dringend änderungsbedürftig". Ersatzweise kann man auch ein paar Vokabeln aus der Fäkalsprache einsetzen.

Und eben dies ist eine Verhöhnung der wahren Opfer früherer Zeiten. Eben dies ist auf ihr Angedenken gespuckt. So empfinde ich das. Und so ist es auch.
Und -es beinhaltet eine Verharmlosung.
Und genau daher erklärt sich meine - oft auch klar geäußerte - Ablehnung gegen derlei Hassreden. Ich für ein BGE. Und gegen das ALG II-System. Aber ich bin auch Antifaschist!

Ich möchte mit einigen noch allgemeineren Anmerkungen schließen.
Es gibt mittlerweile schon zwei Petitionen, die ich NICHT unterzeichnet habe (neben etlichen, die ich sehr wohl unterzeichnet habe, versteht sich).
Grund war jeweils eine missverständliche und / oder sehr grobe / rüpelhafte Sprache. Ich halte derlei zwar für emotional entlastend für die Verfasser_innen -der Sache aber dient es nicht.
Wer viele Unterschriften aus allen Gesellschaftsschichten sammeln möchte -sollte sich da schon etwas Mühe geben, finde ich. Und wer das nicht selbst kann: wird sicher Helfer finden. Wenn er will.
Und nein: das muss der Eindeutigkeit und der Vermittlung von Betroffenheit keineswegs abträglich sein!

MfG
BTB

#Bundestag #Bundestagssitzung #Volksveralberung #ArbeitNeinDanke

- Blog kopfmahlen, am 07.07.2013 -

Bei der "Tagesschau" lese ich heute etwas.

Quelle:
http://www.tagesschau.de/inland/bundestag810.html

"Die Sitzung des Bundestags ist am Abend vorzeitig abgebrochen worden. Nachdem nur 268 der insgesamt 620 Abgeordneten an einer Abstimmung teilgenommen hatten, teilte Parlamentsvizepräsidentin Petra Pau mit, dass der Bundestag beschlussunfähig sei. Die Sitzung werde daher "aufgehoben".
Nach der Geschäftsordnung ist das Parlament nur dann beschlussfähig, wenn mehr als die Hälfte der Abgeordneten anwesend ist. Die erforderliche Zahl von 311 Parlamentariern wurde jedoch verfehlt, als Jörn Wunderlich von der Linkspartei die Beschlussfähigkeit des Parlaments anzweifelte ..."
Gerade bei abendlichen Debatten und Abstimmungen ist es üblich, dass nur eine Handvoll Abgeordneter im Bundestag sitzt. Dass deswegen die Beschlussfähigkeit angezweifelt wird, ist jedoch die absolute Ausnahme ...
Volker Beck von den Grünen twitterte: "Die Linke hat wohl ein Rad ab, worum geht es denn?"

Mein Kommentar:
Applaus für Herrn Wunderlich -völliges Unverständnis für Herrn Beck!

So, so, es ist üblich.
Abends arbeitet man nicht so gern?
Hat man ansonsten eventuell auch zu viel zu tun mit Wahlkampf, Nebenjobs in der Wirtschaft, Dienstreisen, etc.?

WIE BITTE?

Betrachten wir das mal näher.
Wie oft sind denn eigentlich solche Abstimmungen?
Konnte ich bei einer ersten Recherche nicht heraus bringen, leider.
Eines aber doch:

Quelle:
http://de.wikipedia.org/wiki/Deutscher_Bundestag#Abstimmungen

"Die Arbeit der Mitglieder des Bundestages muss in zwei Profile unterteilt werden: Die Arbeit während der Sitzungswochen unterscheidet sich erheblich von der Arbeit außerhalb dieser Zeit. In der Regel wechseln sich je zwei Sitzungs- und je zwei sitzungsfreie Wochen ab..."

Nein, ist schon klar. Ein reiner Urlaub ist das nicht, alle zwei Wochen.

"Viele Bundestagsabgeordnete bieten Bürgersprechstunden an, nehmen an örtlichen

Veranstaltungen teil und pflegen eine Vielzahl von Kontakten auf lokaler, regionaler, deutscher und europäischer Ebene."
Und evtl. auch Sitzungsvorbereitung / Abstimmungsvorbereitung? Wäre möglich.

Ein anderer Aspekt.
Wieviele meiner Abgeordneten verlange ich bei Abstimmungen stets zu sehen?

Es sind aktuell also 620 Abgeordnete.
Die sind nicht immer alle verfügbar -keine Frage.
Rechnen wir zwei volle Monate (8 - 9 Wochen) für Urlaub, Krankheit, WIRKLICH unverschiebbare andere Termine.
Das entspricht einer normalen Arbeitnehmerin. Maximal 6 Wochen Urlaub, 2 Wochen Grippe, 3 Tage Katze sehr krank, o.ä.

Das ergibt:
620 : 6 x 5 = 516 anwesende Abgeordnete (abgerundet).
Noch großzügiger, irgendwas ist ja immer mal: 500.
ABER NICHT WENIGER ALS 311!

Und, meine Güte, wenn es denn mal extrem uninteressant ist. Oder Haupt-Grippezeit.
475. Ausnahmsweise.

Alles andere betrachte ich als eine Frechheit!
Nicht Nebenjobs, nicht Dienstreisen, nicht Wahlkampf, nicht Kokolores sind die Hauptpflichten von gewählten Abgeordneten.
Beratungen und Abstimmungen auf Grund sorgfältiger Vorbereitung unter Inanspruch-nahme des eigenen Gewissens.
DAS ist die Hauptpflicht.

Egal was "üblich" ist. Egal was "unbequem" ist.
Bei schlicht JEDER Bundestagssitzung bei der auch nur der leise Verdacht aufkommt, es seien weniger als 311 Personen im Saal- sollte SOFORT die Beschlussfähigkeit angezweifelt werden!
Herr Wunderlich. Wie wäre es mit einem Zusatzjob der anderen Art? Könnten Sie das nicht übernehmen? Und wirklich jedes Mal bitte!
Wenn Ihnen das Nachteile bringt ... ich habe nicht viel. Aber 10,- Euro im Monat könnte ich Ihnen zum Ausgleich schicken!
Nein: kein Witz! Denn -ich bin sicher, da finden sich wenn Sie das offiziell machen, noch etliche Dutzend Leute in der Netz-Crowd, die dasselbe tun würden! Oder mehr.

Dank für die Aufmerksamkeit!

Ach, eins noch.
Herr Beck. Ihre Partei hat mal als demokratische und soziale Partei angefangen.
Erinnern Sie sich noch? Oder haben Sie davon mal gehört? Ehrlich wahr!

MfG
BukTom Bloch
aka Burkhard Tomm-Bub, M.A.

Verschwörungstheorien (VT) und Co.

- Blog kopfmahlen, am 03.09. 2014 -

Kürzlich las` ich wieder einmal etwas in dieser Art:

"Der Begriff »Verschwörungstheorie« wurde von der CIA kreiert und wird im Allgemeinen vom Establishment als Waffe benutzt, um jeden, der die offiziellen Darstellungen der regierungsamtlichen Verlautbarungen in Zweifel zieht, als Wirrkopf verunglimpfen zu können. Aber es gibt zahlreiche Beispiele aus der Geschichte, die belegen, dass sich viele dieser Theorien als wahr erwiesen haben!!!"

Darauf folgen dann stets einige in der Tat absolut unschöne Geschichten von Tabakkonzernen, Operation AJAX, Operation Northwood, dem Drogenhandel der CIA und ähnliche mehr.

Was ich dazu sagen möchte:

Sicher doch. Viele dieser Vorgehensweisen hat man sich als kritisch denkender Mensch schon vor der jeweiligen Aufdeckung so gedacht.
Dass die CIA auch etliche schmutzige Aktionen durchführt, dass in Kriegen zu Täuschung, List und Betrug gegriffen wird, etc. -letztlich Allgemeinwissen.
Andere Punkte passen gar nicht in das Raster. Dass Dealer (und dazu gehören natürlich auch Tabakkonzerne) ihre Produkte möglichst im Absatz steigern wollen, ist logisch. Von "geheim", oder verdeckt, o.ä. kann hier aber keine Rede sein. Zigaretten sind milliardenfach in Umlauf- und jedem steht es frei, eine davon aus der Packung zu nehmen und untersuchen zu lassen.

Um all` das geht es aber gar nicht.
Es geht um die heutzutage in Umlauf befindlichen Verschwörungstheorien.
Einige sind so hanebüchen und unlogisch, dass eine Beschäftigung nicht lohnt (Beispiel Chemtrails).
Bei anderen ist man geneigt zu sagen: könnte gut sein. Oder zumindest teilweise. Oder vielleicht auch doch eher nicht.
Das weiß man nicht und das kann man auch nicht wissen -und die uns es aufgeregt als absolute Wahrheit andrehen wollen, wissen es auch nicht und können es auch nicht belegen, oder gar beweisen. Sie WOLLEN lediglich glauben, sie könnten es. Dahinter steckt oft eine bewusste oder unbewusste Sehnsucht, das Universum überschaubar und kontrollierbar zu machen -und oft auch das Bedürfnis, über "besonderes Wissen" zu verfügen -dann ist man selber nämlich auch "besonders"!
Welch` Zeitverschwendung. Jeder Mensch ist ohnehin individuell und einmalig!
Ein wichtiger Punkt wird regelmäßig vergessen: was macht es für einen Unterschied?
Meiner Ansicht nach gibt es keine fest definierte Gruppe / geheime Institution, o.ä. die alle bösen und ausbeuterischen Dinge auf der Welt lenkt und plant.
Ich fürchte vielmehr, es ist viel schlimmer- keiner fühlt sich zuständig und verantwortlich, die Ethik und Moral verflüchtigt sich vielmehr unauffindbar im Dunst der Strukturelemente des kapitalistischen Systems ...!
Aber gesetzt den Fall, ich würde glauben wollen, es gäbe irgendeine Gruppe. Z.B. eine Kooperative zwischen CIA, Freimaurern, den Weisen und Unweisen von Zion, plus den Skulls and Bones.

Und die treffen sich immer im Keller unter der Bilderberg-Versammlung. Und unterm Jahr nochmal an einem noch geheimeren Ort.
Na und?
Könnte ich das beweisen? Sicher nicht.
Hätte es irgendeine Auswirkung auf mein Handeln? Pazifistisch, kritisch, sozial engagiert, usw.?
Ebenfalls Nein.
Hätte es sonstige Auswirkungen? Ja.
Ich würde mich lächerlich machen und weniger ernst genommen.

Die größten Gefahren zum Schluss.
Eine wachsende "Esoterik"-Industrie verdient an den diversen "Verschwörungen". Und das nicht zu knapp.
Weiterhin ist ein sehr beachtlicher Teil der aktuellen VT`s gezielt gestreut und instrumentalisiert.
Es geht, wieder einmal, gegen die Juden, die Zionisten, die "jüdische Rasse".
Ein wenig vorsichtiger ist man in der Sprachwahl geworden, sicherlich.
Gern werden aber bestimmte Namen einzelner, bekannter Familien "unauffällig eingeschoben", der FED, u.ä.
Umso schlimmer!
Ein gefährliches, ein schleichendes, ein perfides Gift.

In diesem Sinne
mfG
Burkhard Tomm-Bub

Ein P.S.:
(Resultierend aus einer facebook-Diskussion):

"XY":
" ... Bei der Verschwörungstheorie würde ich noch zwischen wahren und unwahren Verschwörungstheorien differenzieren, oder nach Alternativen zur Verschwörungstheorie suchen..."

Meine Antwort:
"Der letzte Satz von "XY" -offenbart das ganze Dilemma, finde ich. Zumindest ist es eine der möglichen Problembeschreibungen.

Eine Aussage über belegte - und möglichst sogar bewiesene - Fakten -ist, so banal es klingt: eine Aussage über belegte - und evtl. sogar bewiesene - Fakten.

An diese kann man nun Theorien knüpfen.
Diese dürfen ihrem Wesen nach auch (noch) nicht belegte Vermutungen, Spekulationen, Voraussagen beinhalten.
Das sind dann eben Theorien. Mahnende Theorien, Theorien mit kritischer Attitüde, manchmal auch etwas arg spekulative, gewagte Theorien.
Bis dahin ist man IMHO absolut im "Grünen Bereich".

Irgendwann aber wird dann eine Grenzlinie überschritten.
Leider anfangs unmerklich, zumeist.
Die Spekulationen werden SEHR gewagt, der Anteil unbelegter, unbewiesener Fakten

immer größer.

Und schließlich treten (interessegeleitete) Interpretationen und Generalisierungen / Globalisierungen hinzu.

Hier sind wir dann im Bereich der ausgewachsenen Verschwörungstheorien.
Vor allem, wenn der Faktor "Interessegeleitetheit" vorliegt, eindeutig ist und gar absichtlich und vorsätzlich "verwoben" wurde.
Die mahnende Theorie will also primär gar nicht mehr vor etwas warnen- sie hat eigene, aktive Ziele.

Um ein plattes, aber verbreitetes Beispiel aufzugreifen:

Vielen, insbesondere Linken Menschen behagt Krieg nicht. Ebenso wenig behagt ihnen die Dominanz einer einzigen Supermacht (USA) auf der Erde.
Der Kapitalismus desgleichen.
Hieran wird angeknüpft.
9/11 war ein CIA-inside-Job. An dem Tag waren kaum Juden im Gebäude. Die FED-Bank der USA ist ein Privatunternehmen. "Bestimmte Familien" sind in USA maßgebend. Rothschild. Die JODEN!! Die jüdische Weltverschwörung. Die "Weisen von Zion" als Lektüreempfehlung ...!

Von reichlich Links- sind wir ganz Rechts gelandet. Bei Antisemiten, Rassisten, Nazis.

Passt doch alles wunderbar unter einen Hut! Guten Morgen Querfront!

"Wahre Verschwörungstheorien" -kann es also IMHO gar nicht geben. Am Ende und im Effekt -sind sie IMMER unwahr. Mörderisch unwahr, zumeist.

Völlig unwahr: sind sie aber natürlich meist auch nicht.
Zwar zeichnet sich der Rechte Sektor INSGESAMT nicht unbedingt durch horrende Intelligenz und noch weniger durch Kreativität aus -aber einige "Schlaufüchse" gibt es da mittlerweile schon. Und auch gewissenlose Werbestrategen, die rein für Geld professionell zuarbeiten, hinsichtlich Formulierung und taktisch / strategischer "Streuung".
Heißt: stets wird man mit Halbwahrheiten und mit (zumeist unbegründeten, aber vorhandenen und geschürten) Ängsten der Bevölkerung beginnen.
Und mit allgemein-schwammig formulierten Zielen / Gegnern. "Frieden". Antikapitalismus. (Der Linke denkt: umverteilen an ALLE Armen! Der Rechte denkt: umverteilen an aller armen ARIER / WEISSE, o.ä.)

Es gibt IMHO Leute die es richtig gemacht haben. ERST sammeln, belegen, Beweise zusammen tragen. KEINE wüsten Spekulationen beifügen. DANN raus damit an die Öffentlichkeit. Sachlich informieren, aufdecken.

Es geht also. Nicht oft, es ist schwierig, es erfordert Zurücknahme und Umsicht. Aber es geht!

MfG BTB"

5. Kleines Lexikon

Dieses Lexikon kann nicht wirklich umfassende und tagesaktuelle Hilfe leisten. Manche Sachlagen sind sehr komplex, zuweilen ändern sich auch Gesetze und Ausführungsbestimmungen.
So soll dies nur ein erster Überblick sein, ein Anreiz, sich aktueller und umfassend zu informieren, den entsprechenden Paragrafen leichter zu finden und eine Erinnerung bestimmte Punkte nicht aus den Augen zu verlieren, beziehungsweise zu vergessen.

ALG II:
Das Arbeitslosengeld II (ALG II, umgangssprachlich oft „Hartz IV" genannt) ist in der Bundesrepublik Deutschland die Grundsicherungsleistung für erwerbsfähige Leistungsberechtigte nach dem Zweiten Buch Sozialgesetzbuch (SGB II). Es soll laut offizieller Lesart (!) den Leistungsberechtigten ermöglichen, ein Leben zu führen, welches der Würde des Menschen entspricht. Das Arbeitslosengeld II wurde mit Beginn des Jahres 2005 durch das Vierte Gesetz für moderne Dienstleistungen am Arbeitsmarkt („Hartz IV") eingeführt und löste damit die frühere Arbeitslosenhilfe (ALHI) und die Sozialhilfe (SH) ab. Nichterwerbsfähige Leistungsberechtigte, die zusammen mit erwerbsfähigen Leistungsberechtigten in derselben Bedarfsgemeinschaft leben, erhalten das so genannte Sozialgeld, welches in vieler Hinsicht nach denselben Regeln berechnet und gewährt wird wie das ALG II. Um ALG II beziehen zu können, ist - trotz der in dieser Hinsicht irreführenden Bezeichnung - weder Arbeitslosigkeit noch ein vorher gehender Bezug von Arbeitslosengeld I (ALG I) nötige Voraussetzung.

ARGE:
Ehemaliger Name der jobcenter.

AV:
Arbeits-Vermittler(in). Der Innere Aufbau, bzw. die Funktionsbezeichnungen in den jobcentern sind nicht völlig einheitlich. So gibt es nicht nur in der Arbeitsagentur (ALG I), sondern auch in einigen jobcentern AV -z. B. für "marktnahe Kunden".

BA:
Die Bundesagentur für Arbeit (BA, ehemals Bundesanstalt für Arbeit, umgangssprachlich Arbeitsamt).

Bedarfsgemeinschaft (BG):
Bedarfsgemeinschaft (BG) ist ein Begriff der Sozialhilfe und nun auch des SGB II in Deutschland.
Von der Politik wird hier definiert, dass Personen, die besondere persönliche oder verwandtschaftliche Beziehungen zueinander haben und in einem gemeinsamen Haushalt leben, sich in Notlagen wechselseitig materiell unterstützen und damit auch ihren Lebensunterhaltsbedarf gemeinsam decken sollen.
ALG II / Hartz IV ist aber gegenüber anderen Hilfen nachrangig. Daher wird zum Beispiel das Einkommen der anderen Person(en) in der BG bei der Bedarfsermittlung mit einberechnet, was zu geringeren Auszahlungen führen kann. Ob allerdings der angerechnete Betrag tatsächlich der mittellosen Person zugutekommt, spielt dabei aber keine Rolle, ein Rechtsanspruch zwischen den Partnern ergibt sich hieraus nicht.
Die Bedarfsgemeinschaft unterscheidet sich von der Wohngemeinschaft und auch der Haushaltsgemeinschaft.

Wohngemeinschaften sind Gemeinschaften von Personen, die zusammen wohnen, ohne aber aufgrund familiärer oder persönlicher Bindungen füreinander verantwortlich zu sein. Sind sie füreinander verantwortlich, etwa weil sie verheiratet sind oder dauerhaft als Partner zusammenleben, bilden sie wiederum eine Bedarfsgemeinschaft.
Näheres dazu:
Sozialgesetzbuch (SGB) Zweites Buch (II) -Grundsicherung für Arbeitsuchende- (Artikel 1 des Gesetzes vom 24. Dezember 2003, BGBl. I S. 2954), § 7 Leistungsberechtigte (3).

EV oder EGV:
Eingliederungsvereinbarung. Eine solche wird mit den meisten "Kundinnen und Kunden" der jobcenter abgeschlossen. Im ursprünglichen FM-Konzept wurde Augenhöhe explizit angestrebt. Anbahnende Gespräche waren Pflicht. Die EGV sollte gemeinsam erarbeitet werden und Rechte und Pflichten für beide Seiten beinhalten.Verkommen ist dieses dem Grunde nach nicht zwingend schlechte Konzept zu einer statistischen Größe, einem Rankingfaktor der jobcenter untereinander, einer von mehreren sinnfreien und praxisfernen Kennzahlen, die über Karrierechancen und Prämien des mittleren und oberen Management der jobcenter entscheiden.
Wird die EGV nicht unterzeichnet, wird sie dennoch gültig, nachdem sie als "Verwaltungsakt" zugestellt wurde. Dies hat jedoch den Vorteil, dass man Widerspruch und Klage erheben kann.
Näheres hierzu:
Sozialgesetzbuch (SGB) Zweites Buch (II) -Grundsicherung für Arbeitsuchende- Kapitel 3 - Leistungen (§§ 14 - 35), Abschnitt 1 - Leistungen zur Eingliederung in Arbeit (§§ 14 - 18e), § 15 Eingliederungsvereinbarung

FM:
FallmanagerIn. Fälschlich wird häufig im allgemeinen Sprachgebrauch jeder Sachbearbeiter in den jobcentern als Fallmanager bezeichnet. Im Regelfall erfolgt jedoch die Betreuung durch die Persönlichen AnsprechpartnerInnen (PAP). FallmanagerInnen sollten ursprünglich dagegen besonders qualifizierte BeraterInnen mit einer besonderen Beratungs- und Methodenkompetenz zum Erkennen und Beseitigen von Hemmnissen, die einer Arbeitsaufnahme entgegenstehen, sein. Diese Trennung gibt es in einigen aber nicht allen jobcentern, also eine zwischen PAP und FM. Sowohl in Bezug auf die Qualifikation, als auch auf die zu beratende Zahl der Menschen ist in sehr vielen jobcentern ein anhaltender Negativtrend zu erkennen. Eine humane und konzeptionelle Arbeit, wie ursprünglich angeblich fest vorgesehen, ist in den seltensten Fällen noch möglich. Anbefohlene Maßnahmezuweisungen, Statistiken, umfangreichste EDV-Dokumentationspflichten, sowie ein ausgeprägtes und strenges Controlling der FallmanagerInnen selbst bestimmen statt dessen den Arbeitsalltag.

Gutscheine:
Wenn Geldleistungen gekürzt wurden (Sanktionierung) können vom jobcenter Gutscheine für Lebensmittel ausgehändigt werden. Diese müssen aber zumeist aktiv beantragt werden. Auch in diesen Fällen greift die "Sippenhaft". Begeht eine Person aus der BG mehrfach Pflichtverletzungen, kann dies dazu führen, dass auch der andere Partner und die Kinder darunter leiden. Wie "schön" ist es wohl, in zugewiesenen Supermärkten öffentlich an der Kasse die "Gutscheine vom Amt" vorzeigen zu müssen ...? Zumal man selbst nicht VerursacherIn ist. Ein unwürdiger Zustand!
Näheres hierzu:
Sozialgesetzbuch (SGB) Zweites Buch (II) -Grundsicherung für Arbeitsuchende- § 31a Rechtsfolgen bei Pflichtverletzungen (3).

Hartz IV:
Die alltagssprachliche Bezeichnung für die so genannte Grundsicherung für Arbeitsuchende nach dem SGB II, siehe auch unter ALG II.

Jobcenter:
Als Jobcenter bezeichnet man eine Behörde im Gebiet eines Landkreises oder einer kreisfreien Stadt, welche in Deutschland für die Durchführung der Grundsicherung für Arbeitsuchende nach dem SGB II zuständig ist. Aufgabe ist dabei, Leistungen nach dem SGB II zu gewähren und durch „Fördern und Fordern" den betroffenen Personen Perspektiven und Möglichkeiten zu eröffnen, ihren Lebensunterhalt in Zukunft aus eigenen Mitteln und Kräften, sowie langfristig und ohne weitere öffentliche Unterstützung zu bestreiten.
So der "offizielle Text"...

KdU:
Dies sind die so genannten "Kosten der Unterkunft". Vereinfacht gesagt, übernimmt das jobcenter eine "angemessene" Kaltmiete und die Nebenkosten. Stromkosten sind allerdings vom Regelsatz selbst noch zu zahlen.
Der Bezug von Wohngeld und die Zahlung der KdU durch das jobcenter schließen einander aus!
Was eine "angemessene" Höhe ist, ist oft strittig, die örtlichen Tabellen bemessen hier oft sehr knapp. Das geschieht nicht unbedingt absichtslos: Erwerbslose sollen "motiviert werden", sich "Arbeit zu suchen", um sich eine bessere Wohnung leisten zu können...
Angesichts der Verhältniszahlen "Offene Stellen - Erwerbslose" und anhand der Tatsache, dass etliche unterschiedlich eingeschränkte Menschengruppen ALG II-berechtigt sind, ist dies in sehr vielen Fällen ein sehr schlechter Witz!
Näheres hierzu:
Sozialgesetzbuch (SGB) Zweites Buch (II) -Grundsicherung für Arbeitsuchende- (Artikel 1 des Gesetzes vom 24. Dezember 2003, BGBl. I S. 2954), § 22 Bedarfe für Unterkunft und Heizung.

Klage:
Siehe: Sozialgericht, Klage beim.

LSB:
Leistungssachbearbeitung („Gelddinge").

Optionskommune:
Vereinfacht gesagt gibt es in Optionskommunen ebenfalls jobcenter- diese sind aber nicht direkt der BA unterstellt.
Wird dieses Modell praktiziert, besitzt eine Kommune (Landkreis oder kreisfreie Stadt) allein die Trägerschaft der Leistungen nach SGB II. Die Optionskommunen sind zugelassene kommunale Träger der Grundsicherung für Arbeitsuchende.
Die Kommunen bilden dazu dann ebenfalls ein Jobcenter.
Im gesetzlich auch so vorgesehenen Regelfall sind überall dort, wo es keine optierende Kommune gibt, die Bundesagentur für Arbeit und die jeweilige Kommune Leistungsträger der Grundsicherungsleistungen nach dem SGB II. Sie bilden jeweils eine gemeinsame Einrichtung nach § 44b SGB II, welche nach § 6d SGB II natürlich auch die Bezeichnung Jobcenter führt.

OAW:
Kürzel des jc für "Ortsabwesenheit". Man könnte es auch "Urlaub" nennen. Auf diesen haben Sie pro Jahr an 21 **Kalender**tagen Anspruch- wenn dadurch nicht Ihre berufliche Eingliederung gefährdet ist. Das heißt in der Regel, wenn nicht während dieser Zeit eine Massnahme oder ähnliches beginnt oder geplant ist. Der Anspruch besteht pro Kalenderjahr und ist nicht übertragbar ins nächste Jahr, er verfällt dann. Dieser Anspruch liegt klar unter dem gesetzlichen Mindesturlaub von 24 **Werk**tagen. Melden Sie OAW möglichst frühzeitig an, insbesondere Auslandsurlaube. In der übrigen Zeit müssen Sie täglich erreichbar sein. Man kann dies an einem zugespitzten Beispiel verdeutlichen, welches aber in der Praxis tatsächlich gelegentlich praktiziert wird: Zwei Mitarbeiter des jobcenters werfen um die Mittagszeit eine Einladung zu einem Gesprächstermin für den nächsten Vormittag in den Briefkasten des "Kunden". Erscheint dieser nicht, erfolgt zunächst eine Kürzung von 10% für drei Monate und es wird ein baldiger Neutermin veranlasst. Nun wird geprüft, ob eventuell eine unerlaubte OAW vorliegt. Insbesondere bei Auslandsreisen kann dies anhand des Reisepasses öfter einmal tatsächlich bewiesen werden. Aufgrund dessen erfolgt dann eine weitere Sanktion.
Ist man nur innerhalb Deutschlands unterwegs, sieht es sicherlich anders aus. Es soll Menschen geben, die mittels eines Handys, eines guten Bekannten mit Handy und einem Zweitschlüssel für den Briefkasten, sowie guter Notfallplanung eine gewisse Flexibilität herstellen. Nach Ansicht des Verfassers ist damit der Geist der entsprechenden Vorschrift durchaus gewahrt- auf die tägliche Erreichbarkeit und Verfügbarkeit kommt es schließlich an. Doch dies ist natürlich nur eine persönliche Einschätzung und keine Empfehlung...

Petition:
Dieser Begriff hat zwei recht unterschiedliche Bedeutungen. Eine Petition (lateinisch petitio ‚Bittschrift‘, ‚Gesuch‘, auch ‚Eingabe‘) ist ein Schreiben (eine Bittschrift, ein Ersuchen, eine Beschwerde) an die jeweils zuständige Stelle, zum Beispiel eine Behörde oder Volksvertretung. Dabei kann grundsätzlich unterschieden werden zwischen Ersuchen, die auf die Regelung eines allgemeinen politischen Gegenstands zielen (z. B. den Beschluss oder die Änderung eines Gesetzes), und Beschwerden, die um Abhilfe eines individuell erfahrenen Unrechts (z. B. eine formal zwar zulässige, aber als unverhältnismäßig empfundene Behördenentscheidung) bitten. Die Zulässigkeit von Petitionen ist ein allgemein anerkannter und wichtiger Bestandteil der demokratischen Grundrechte der BürgerInnen.
Zu online-Petitionen auf freien Plattformen und auch zu offiziellen Petitionen an den Bundestag über das Internet, wurde schon an anderer Stelle einiges gesagt. Insbesondere letztere unterliegt teils recht differenzierten Auflagen hinsichtlich der Form. Die ist bei Petitionen direkt vor Ort, an das zuständige jobcenter nicht der Fall. Das viel weniger beachtete und bekannte Recht, sich an eine Behörde oder an eine andere „zuständige" öffentliche Stelle zu wenden besteht gegenüber jeder Behörde der staatlichen oder der mittelbaren staatlichen Verwaltung, (beispielsweise das Gesundheitsamt, das Schulamt, die Ausländerbehörde, oder eben das jobcenter). Aber auch politische Stellen, wie zum Beispiel der örtliche Bürgermeister, der Landrat oder die Staatskanzlei der Landesregierung können hier Adressaten sein! Setzt sich die jeweilige Stelle mit der Petition nicht auseinander, kann man dies auf dem Verwaltungsrechtsweg erzwingen. Wird die Petition bei einer nicht zuständigen Stelle erhoben, muss sie an die zuständige Stelle weitergeleitet werden.
Auch dieses Mittel kann und sollte man also nutzen! Die Schriftform empfiehlt sich natürlich sehr, ansonsten ist eine solche Petition nicht mit weitere Vorgaben versehen.

Vollständigkeit, Belegbarkeit und Dokumentation sind aber wichtig, wenn man die Sache später glaubwürdig weiter verfolgen will. Kopie anfertigen, Ort, Datum, Unterschrift und Sendung als Einschreiben nicht vergessen (ersatzweise bescheinigte Abgabe).

Regelsatz:
Der Regelsatz ist quasi das "materielle Kernstück" des SGB II. Er ist (anders als die "angemessene Miete") bundesweit gleich, aber je nach Person und Lebenslage unterschiedlich hoch.
Der für die Gewährleistung des Existenzminimums notwendige Lebensunterhalt soll durch den Regelsatz befriedigt werden. Dazu ist er allerdings in Wahrheit deutlich zu gering- und kann auch bei Sanktionen nochmals "zusammen gestrichen" werden.
Dennoch erscheint er manchen Menschen als noch zu hoch. NiedriglöhnerInnen, die sich gegen ALG II- EmpfängerInnen aufhetzen lassen, bemängeln oft, dass sie kaum mehr "auf der Tasche hätten".
Das ist richtig. "Weniger als Hartz IV" geht zwar nicht: dann könnte man durch das jobcenter aufstocken lassen. Nur wenig mehr, das kommt heutzutage allerdings zunehmend vor. Das, was da aber nicht stimmt daran, ist jedoch dieses: die NiedriglöhnerInnen bekommen klar zu wenig! Nicht die "Hartzler" zu viel! Die haben AUCH zu wenig.
Hier einmal die Tabelle ab 2016. Abzuziehen sind jeweils noch die individuellen Stromkosten. Bei Bezug von ALG II wird man grundsätzlich versicherungspflichtig in der gesetzlichen Kranken- und Pflegeversicherung, sowie Rentenversicherung geführt.

ALG II Regelsätze ab 2016
Erwachsene alleinstehende Person: 404 €
Erwachsene alleinerziehende Person: 404 €
Erwachsene Person mit minderjährigem Partner: 404 €
Alleinstehende Personen bis 24 oder Erwachsene bis 24 mit minderjährigem Partner, die ohne Zusicherung des kommunalen Trägers umgezogen sind: 324 €
Erwachsene Partner einer Ehe, Lebenspartnerschaft, eheähnlichen oder lebenspartner-schaftsähnlichen Gemeinschaft, je 364 €
Kind, das jünger als 6 Jahre alt ist: 237 €
Kind im Alter zwischen 6 und 13: 270 €
Kind bzw. Jugendlicher im Alter zwischen 14 und 17: 306 €

Näheres hierzu:
Sozialgesetzbuch (SGB) Zwölftes Buch (XII) - Sozialhilfe - (Artikel 1 des Gesetzes vom 27. Dezember 2003, BGBl. I S. 3022,), § 27a Notwendiger Lebensunterhalt, Regelbedarfe und Regelsätze.

Sanktionen:
Sanktionen können um 10%, 30%, 60% und auch um 100% erfolgen. Sie bleiben in der Regel auch für drei Monate bestehen, selbst wenn jemand seinen (oft nur vermeintlichen) Fehler sogleich wieder gutmachen will.
Diese neuen Regelungen seit dem Jahre 2005 stellen in negativer Hinsicht den ethischen und moralischen Tiefpunkt des SGB II dar und sind als schändlich anzusehen. JEDE Sanktion unterschreitet das Existenzminimum. Nicht mehr Bedürftigkeit, sondern nur noch zusätzliches, bewiesenes Wohlverhalten sind einziges Kriterium für staatliche (Über)lebenshilfe. In einem der reichsten Länder der Welt ist dies unter keinen Umständen hinnehmbar.
Näheres hierzu:

"SGB II, §§ 30 und 31a SGB II Rechtsfolgen bei Pflichtverletzungen (Siehe auch unter: "Gutscheine".)

SB:
Ein allgemeiner Oberbegriff: SachbearbeiterIn.

Schonvermögen:
Hierzu wurde an anderer Stelle ("Vor Antragstellung") schon vieles gesagt, daher hier nur kurz der Hinweis auf die zugrunde liegenden Gesetzesparagrafen: Sozialgesetzbuch (SGB) Zweites Buch (II) -Grundsicherung für Arbeitsuchende- Kapitel 2 - Anspruchsvoraussetzungen (§§ 11-13)

SGB II:
Das grundlegende Gesetzeswerk, das "Sozialgesetzbuch (SGB) Zweites Buch (II) -Grundsicherung für Arbeitsuchende-". Es ist gültig seit 2005 und zu finden im Internet mit der Suche "gesetze-im-internet_sgb_2".
Auch im Buchhandel und in der Stadtbibliothek ist es erhältlich.

Sozialgericht (Klage beim):
Klage beim Sozialgericht einzureichen ist ein oft erfolgreiches Mittel, um sich zur Wehr zu setzen.
Wenn also persönliche Gespräche (mit Beistand), formlose Petitionen und ein Widerspruch nicht das gewünschte Ergebnis brachten, ist dies der nächste Schritt.
Das Gebiet ist zu umfassend, um alles wichtige hier darzustellen. Informieren Sie sich im konkreten Fall über die üblichen Kanäle (Beratungsstellen, Literatur, Internet), auch in den Bescheiden des jobcenters selbst finden sich wichtige Hinweise. Beachten Sie die Fristen! Notfalls verweisen Sie darauf, dass später noch Unterlagen nachgereicht werden.
Die Klage im 1. und 2. Rechtszug, (Sozialgericht und Landessozialgericht) ist jeweils ohne Anwalt möglich. Nur im 3. Rechtszug vor dem Bundessozialgericht, gibt es einen Anwaltszwang. Gerichtskosten entstehen für Bezieher von ALG II oder Sozialhilfe nicht (siehe § 183 Sozialgerichtsgesetz, SGG).
Der konkrete Ablauf in der Praxis sieht für Betroffene in der Regel so aus: Antrag, Verwaltungsakt (Bescheid), Widerspruch, Verwaltungsakt (Widerspruchsbescheid), Klage beim zuständigen Sozialgericht, Berufung beim zuständigen Landessozialgericht, Revision beim Bundessozialgericht (die beiden letzteren, soweit dies zugelassen ist).
Oftmals werden aber schon auf frühen "Stationen" Erfolge erzielt!
Wichtig, wie eigentlich immer: eine genaue und umfassende Begründung des Antrages und Belege als Beweis. Empfehlenswert ist es, auf geeignete Grundsatzentscheidungen des Bundessozialgerichtes, oder Entscheidungen von Landessozialgerichten und Sozialgerichten hinzuweisen.
Eine Klageschrift inklusive Anlagen muss in mindestens zweifacher Ausfertigung an das benannte Sozialgericht gesandt werden. Dies möglichst mittels Einschreiben / Rückschein.

Umzug:
Zu großer Sorgfalt und Umsicht ist bei Umzügen zu raten. Zwar dürfen Sie umziehen, wohin und wie oft Sie wollen... "Zu große" oder "zu teure" Wohnungen unterstützt das jobcenter (im Auftrag der Kommunen) aber nicht. Genau so sieht es aus, wenn Sie das jobcenter nicht **vorab** rechtzeitig (belegbar!) informieren! Sie können hier einmalige und auch dauerhaft Gelder verlieren, wenn Sie lediglich nach Vernunft und gutem Glauben

vorgehen.

Vorrangige Leistungen:

Arbeitslosengeld II ist "nachrangig". Das heißt, zunächst wird geprüft, ob Sie sich nicht selbst helfen können- oder andere Träger von Sozialleistungen. Sie sind hier zwingend verpflichtet "mitzuwirken", das bedeutet, Sie dürfen nicht auf andere Leistungen verzichten, oder "vergessen" diese zu beantragen. Im schlimmsten Falle führt dies sonst dazu, dass Sie gar kein Geld erhalten, oder zumindest sanktioniert werden. Der Gesetzgeber schreibt hier wörtlich im SGB II, § 12a: "Leistungsberechtigte sind verpflichtet, Sozialleistungen anderer Träger in Anspruch zu nehmen und die dafür erforderlichen Anträge zu stellen, sofern dies zur Vermeidung, Beseitigung, Verkürzung oder Verminderung der Hilfebedürftigkeit erforderlich ist. Abweichend von Satz 1 sind Leistungsberechtigte nicht verpflichtet,

1. bis zur Vollendung des 63. Lebensjahres eine Rente wegen Alters vorzeitig in Anspruch zu nehmen oder

2. Wohngeld nach dem Wohngeldgesetz oder Kinderzuschlag nach dem Bundeskindergeldgesetz in Anspruch zu nehmen, wenn dadurch nicht die Hilfebedürftigkeit aller Mitglieder der Bedarfsgemeinschaft für einen zusammenhängenden Zeitraum von mindestens drei Monaten beseitigt würde."

Wichtiger Grund:

Dies ist ein wichtiger Fachbegriff, der stark zum Tragen kommt, wenn es um mögliche Sanktionen, also Geldkürzungen geht. Auch hier ist die Vielfalt geltender Bestimmungen wieder groß und es sind nur allgemeine Hinweise und Verweise möglich.
Im Sozialgesetzbuch (SGB II), Zweites Buch, Grundsicherung für Arbeitsuchende, §§ 31 und 32, SGB II Pflichtverletzungen werden einige Tatbestände geschildert, deren man sich als ErwerbsloseR "schuldig machen kann".
Die §§ 31, 32 SGB II sehen aber Sanktionen nur für den Fall vor, dass die erwerbsfähige leistungsberechtigte Person keinen wichtigen Grund für ihr Verhalten nachweist (und gegebenenfalls vor Abschluss der EGV über die Rechtsfolgen belehrt wurde).
In Betracht kommen dafür insbesondere familiäre und gesundheitliche Gründe. Der „wichtige Grund" ist als unbestimmter Rechtsbegriff im Gesetz nicht ausdrücklich definiert. Ein „wichtiger Grund" können alle Umstände des Einzelfalls sein, die unter Berücksichtigung der Belange des / der Einzelnen in Abwägung mit entgegenstehenden Interessen der Allgemeinheit das Verhalten der erwerbsfähigen leistungsberechtigten Person rechtfertigen. Die Beweislast für das Vorliegen eines wichtigen Grundes liegt allerdings bei der Person selbst. Diese ist es, die geeignete Nachweise und Belege vorlegen muss.
Ein Beispiel für einen wichtigen Grund wäre zum Beispiel, dass die erwerbsfähige leistungsberechtigte Person aufgrund nachgewiesener gesundheitlicher Einschränkungen eine vereinbarte Maßnahme nicht antreten kann.

Widerspruch:

Gegen nachteilige Entscheidungen / Bescheide durch das jobcenter ist der Widerspruch möglich und ratsam. Dies ist ein förmlicher Rechtsbehelf gegen Verwaltungsakte. Die Frist hierfür beträgt oft nur vier Wochen, beachten Sie dies also sehr genau. Der Widerspruch sollte schriftlich und kann aber auch "mündlich zu Niederschrift" gestellt werden. Aufschiebende Wirkung hat er allerdings nicht: eine weitere Ungerechtigkeit in speziell diesem Sozialbereich! Die entsprechende Widerspruchsstelle ist zuweilen im selben Gebäude wie das jobcenter selbst, oder in räumlicher Nähe. Es ist aber nicht ratsam, diesen Akt zu "überspringen"- er stellt die Voraussetzung für weitere Schritte dar.

Wohngeld:
Hierzu finden sich auch Hinweise unter dem Stichwort "Kosten der Unterkunft (KdU")".
Der gleichzeitige Bezug von Wohngeld und KdU durch das jobcenter ist **nicht** möglich.
In vereinzelten Fällen kann eine Beantragung von Wohngeld im Endeffekt etwas mehr Geld erbringen, als eine Aufstockung durch das jobcenter. Dies etwa, wenn beide Partner in einer BG einen Minijob haben. Nehmen Sie in solchen Fällen am Besten sowohl mit dem jobcenter, als auch mit ihrem kommunalen Wohngeldamt Kontakt auf und lassen Sie sich beraten und das jeweilige Ergebnis berechnen. Wichtig dabei ist, dass Ihre Unterlagen möglichst vollständig sind, also alle Einnahmen belegt werden und der Mietvertrag mit Nebenkostenabrechnung bereit liegt.
Gehen Sie freundlich aber beharrlich vor und lassen Sie sich nicht vorschnell "abwimmeln"! Es ist im Zweifel Ihr Geld, dass Ihnen rechtmäßig zusteht.

6. Informationsquellen / Links / Adressen / Bücher

Informationsquellen
Weiter unten werden eine Menge Links, Adressen und kommentierter Buchempfehlungen bereit gestellt.

Weitere, mögliche Informationsquelle sind Tageszeitungen, kostenlose Wochenblätter, einige Illustrierte, die örtliche Stadtbibliothek, das Internet allgemein, verschiedene Beratungsstellen und das jobcenter selbst.

Handeln Sie bei akuten Problemen fristgerecht, formwahrend und mit kaltem Blut- aber dennoch so gut informiert wie irgend möglich. Überprüfen Sie bei Angaben und Informationen, ob diese wirklich zeitlich noch gültig und aktuell sind und ziehen Sie nach Möglichkeit unbedingt zwei oder drei verschiedene Quellen heran. Quellen die offensichtlich nur voneinander abschreiben, sind dabei **keine** "unterschiedlichen Quellen".

Im übertragenen Sinne gilt dies auch für die Planung und Durchführung von Aktionen, Kampagnen und Veranstaltungen.
Vermeiden Sie es, sich unnötig angreifbar zu machen, oder sich hinterher vermeidbaren Ärger einzuhandeln.
Es sei denn- ...das gehört zur Aktion!
Sie mögen zehn mal Recht haben, wenn Sie öffentlich skandieren, "der Politiker Franz J. Altweise ist ein Verbrecher und Schuft, dem man unbedingt mal alle Scheiben an seinem Bungalow einwerfen sollte!" -Eine Anzeige wegen Beleidigung, übler Nachrede und eventuell wegen der Aufforderung zu einer Straftat ist Ihnen dennoch gewiss.

Ein Auftritt in der Öffentlichkeit im völlig herunter gekommenen Bettlergewand und mit verschmutztem Gesicht, dazu ein Schild: "Danke für Ihre erfolgreiche Sozialpolitik, Herr F. J. Altweise!", -derlei wäre da zum Beispiel schon viel eher auf der "sicheren Seite"!

Hier noch ein Sammel-Link vorab, wichtig insbesondere für die Print-Ausgabe des Buches.

http://kopfmahlen.blogspot.de/2015/11/widerstandslinksmails.html

Hier sind noch einmal **alle** Links und auch Mailadressen, die hier im Buch angegeben werden "versammelt"- anklickbar.
Es ist dies eine Unterseite eines Blogs von mir, ich werden sie solange als möglich aufrecht erhalten.

Ansonsten mögen BenutzerInnen der Print-Ausgabe bitte eben doch "einzeln abschreiben", oder aber die gegebenen Stichworte für einen Suchlauf nutzen- das mag eventuell schneller gehen.

Links

Blogs:

Eine Hartz IV-Betroffene:
https://jobcenteraktivistin.wordpress.com/

Die Ex-Fallmanagerin:
http://altonabloggt.com/

Der Ex- BA-Student:
https://kritischerkommilitone.wordpress.com/

Der Hartz IV-Rechtsexperte:
http://www.harald-thome.de/

Der Protestierende:
http://ralph-boes.de/

Eine Hartz IV-Helferin:
https://erbendertara.wordpress.com/

Ein Interessierter:
https://mannheimbloggt.wordpress.com/hartz-iv-2/

Foren und andere Hilfen zu Hartz IV:

http://hartz.info/index.php

https://www.elo-forum.org/

http://tacheles-sozialhilfe.de/startseite/

http://beratung.rudizentrum.de/

http://www.gegen-hartz.de/

http://www.whistleblower-net.de/

http://www.10jahre-hartz4.de/homepage/bilanz/

http://fhp-freie-hartz4-presse.blogspot.de/

http://www.labournet.de/category/politik/arbeit/

http://www.caritas.de/glossare/arbeitslosengeld-ii-alg-ii-hartz-iv

http://www.vdk.de/deutschland/

jobcenter / Arbeitsamt:

http://www.jobcenter-ge.de/

https://www.arbeitsagentur.de/web/content/DE/BuergerinnenUndBuerger/Arbeitslosigkeit/Grundsicherung/index.htm

Interne Dienst-/Geschäftsanweisungen und Arbeitshilfen in den jobcentern:
https://redmine.piratenfraktion-berlin.de/dmsf/arbintfrau?folder_id=499

Adressen:

Einige hilfreiche oder nützliche Adressen werden hier aufgeführt.
Einmal werden bestehende Sozialverbände, karitative Institutionen, Gewerkschaften, Parteien und ähnliche aufgeführt, anschließend "politische Adressen", sowie solche der Bundesagentur für Arbeit (zuständig auch für die jobcenter). Wichtig hier die Listung der Regionaldirektionen, auch diese sollte man in geeignete Aktionen unbedingt einbeziehen.

Sozialverbände, karitative Institutionen, Gewerkschaften, Parteien:

Sozialverband Deutschland e.V.
Stralauer Str. 63
10179 Berlin
Telefon: 030 / 72 62 22 - 0
Telefax: 030 / 72 62 22 - 311
Mail: contact@sozialverband.de

Sozialverband VdK Deutschland e. V.
Linienstraße 131
10115 Berlin
Telefon: 030 9210580-0
Telefax: 030 9210580-110
kontakt@vdk.de

Deutscher Caritasverband e. V.
Karlstraße 40
79104 Freiburg
Deutschland
Telefon: +49 (0)761 200-0
Internetseite: www.caritas.de
E-Mail: info@caritas.de

Diakonie Deutschland - Evangelischer Bundesverband
Evangelisches Werk für Diakonie und Entwicklung
Caroline-Michaelis-Straße 1
10115 Berlin
Telefon: 030 65211-0
Fax: 030 65211-3333
diakonie@diakonie.de

Der Paritätische Gesamtverband
Oranienburger Str. 13-14
10178 Berlin
Telefon 030|24636-0
Telefax 030|24636-110
Internet: www.paritaet.org | www.der-paritaetische.de

Unabhängige Patientenberatung Deutschland (UPD)
Hotline: 0800–0117722
http://www.patientenberatung.de/

ver.di - Vereinte Dienstleistungsgewerkschaft
Bundesvorstand
Paula-Thiede-Ufer 10
10179 Berlin
Telefon (0 30) 69 56 - 0
Fax (0 30) 69 56 - 31 41
E-Mail: info@verdi.de
www.verdi.de

FAU
Freie Arbeiterinnen und Arbeiter Union (Föderation)
Website lokale Gewerkschaften:
http://www.fau.org/ortsgruppen/

Zentralwohlfahrtsstelle der Juden in Deutschland (ZWST)
Leitung: Benjamin Bloch (Direktor)
Hebelstrasse 6, 60318 Frankfurt am Main
Telefon: 069 / 944371-0, Fax: 069 / 494817
zentrale@zwst.org

Verband der Islamischen Kulturzentren e.V. (Sunnitisch)
Vogelsanger Straße 290
50825 Köln
Tel.: 0221/ 95 44 100
Fax: 0221 / 95 44 10 - 68
Mail: info@vikz.de

DIE LINKE
Bundesgeschäftsstelle
Matthias Höhn
Kleine Alexanderstraße 28
10178 Berlin
Telefon: (030) 24 009 397
Telefax: (030) 24 009 310
bundesgeschaeftsstelle@die-linke.de

Rechtskundiger Hartz IV:

Harald Thomé
Rudolfstr. 125
42285 Wuppertal
Email: info@harald-thome.de
http://www.harald-thome.de/

Selbsthilfeinitiative von Betroffenen für Betroffene:
Tacheles e.V.
Rudolfstr. 125
42285 Wuppertal
http://tacheles-sozialhilfe.de/startseite/

Politik und Bundesagentur für Arbeit (inklusive Jobcenter):

Bundesbeauftragte für Datenschutz und Informationsfreiheit
Husarenstr. 30
53117 Bonn
Telefon: +49 (0)228-997799-0
Fax: +49 (0)228-997799-550
E-Mail: poststelle@bfdi.bund.de

Presse- und Informationsamt der Bundesregierung
Dorotheenstraße 84
10117 Berlin
Telefon: 030 18 272-0
Fax: 030 18 10 272-2555
internetpost@bundesregierung.de

Europäischer Gerichtshof für Menschenrechte:
European Court of Human Rights
Council of Europe
67075 Strasbourg Cedex
France
Telefon 00 33 (0) 388 4120 18
Telefax 0033 (0) 388 4127 30

Bundesagentur für Arbeit
Zentrale
Regensburger Straße 104
90478 Nürnberg
Arbeitnehmer: 0800 4 5555 00 *
Arbeitgeber: 0800 4 5555 20 *
Familienkasse: 0800 4 5555 30 *
* Der Anruf ist für Sie gebührenfrei.
Aus dem Ausland: +49 911 12031010 (gebührenpflichtig)
Montags-freitags: 08:00-18:00 Uhr

Datenschutzbeauftragter der BA:
Wolfgang Nörenberg
Regensburger Straße 104
D - 90478 Nürnberg
Tel: 0911 / 179-3660 oder -7805
Fax: 0911 / 179-5474
E-Mail: Zentrale.JDC-Datenschutz@arbeitsagentur.de

***

BA Regionaldirektionen

Baden-Württemberg:
Hölderlinstraße 36
70025 Stuttgart
Telefon: 0711 941-0
Telefax: 0711 941-1640
Mail: Baden-Wuerttemberg@arbeitsagentur.de

***

Regionaldirektion Bayern der Bundesagentur für Arbeit
Thomas-Mann-Straße 50
90471 Nürnberg

***

Regionaldirektion Berlin-Brandenburg
Friedrichstr. 34
10969 Berlin
Tel:0800 4 5555 00
Fax:
030/555599-4999
Berlin-Brandenburg.PresseMarketing@arbeitsagentur.de

***

Regionaldirektion Hessen der Bundesagentur für Arbeit
Saonestr. 2 - 4
60528 Frankfurt am Main
Telefon: +49 (0) 69 / 6670 - 0
Fax: +49 (0) 69 / 6670 - 459
E-Mail: hessen@arbeitsagentur.de

***

Bundesagentur für Arbeit
Regionaldirektion Niedersachsen- Bremen
Röpkestraße 3
30173 Hannover
Niedersachsen-Bremen.PresseMarketing@arbeitsagentur.de

***

Regionaldirektion Nord
der Bundesagentur für Arbeit
Projensdorfer Straße 82
24106 Kiel
Postanschrift:
Postfach 3007
24029 Kiel

Telefon: (04 31) 33 95-0
Fax: (04 31) 33 95-99 99
E-Mail: Nord@arbeitsagentur.de

***

Regionaldirektion Nordrhein-Westfalen
Josef-Gockeln-Str. 7
40474 Düsseldorf
Tel:0211 4306-0
Fax: 0211 4306-377
Nordrhein-Westfalen@arbeitsagentur.de

***

Regionaldirektion Rheinland-Pfalz-Saarland der Bundesagentur für Arbeit
Eschberger Weg 68
66018 Saarbrücken
Tel:0681/849-0
Fax: 0681/849-910 180
rheinland-pfalz-saarland@arbeitsagentur.de

***

Regionaldirektion Sachsen
Paracelsusstraße 12
09022 Chemnitz
Tel:0371-9118-0
Fax: 0371-9118-697
Sachsen@arbeitsagentur.de

***

Regionaldirektion Sachsen-Anhalt-Thüringen
Frau-von-Selmnitz-Straße 6
06018 Halle
Tel:0345 / 1332 - 0
Sachsen-Anhalt-Thueringen@arbeitsagentur.de

***

Bücher:

Norbert Wiersbin
Das Hartz-Desaster: Auf dem Weg in den Unrechtsstaat
Taschenbuch- 1. Juni 2013
Taschenbuch: 250 Seiten
Verlag: RaBaKa-Publishing; Auflage: 1 (1. Juni 2013)
ISBN-10: 3940185248
ISBN-13: 978-3940185242

Stichworte zum Inhalt:
Über dreißig Jahre arbeitete der Erziehungswissenschaftler Norbert Wiersbin beruflich, politisch und ehrenamtlich in der Arbeits- und Sozialpolitik
Er warnt hier vor der Gefährdung des sozialen Friedens und den Auswirkungen auf die freiheitlich demokratische Grundordnung durch das SGB II / Hartz IV.
Fallbeispiele und detaillierte Nachweise über Rechtsverstöße unterstützen seinen vehementen Aufruf für den Erhalt des sozialen Friedens und die Schaffung einer solidarischen, menschengerechten Gesellschaft.

Peter Hetzler
Hartz 5: Ein Hartz IV-Roman
Taschenbuch- 26. April 2013
Taschenbuch: 156 Seiten
Verlag: Books on Demand; Auflage: 1 (26. April 2013)
ISBN-10: 3732237907
ISBN-13: 978-3732237906

Stichworte zum Inhalt:
Peter Hetzler ist Journalist und Mitarbeiter einer Erwerbslosengruppe. Viele der geschilderten Situationen haben sich so oder ähnlich tatsächlich zugetragen, gibt er an. Informativ, ermutigend und teils sogar amüsant. Die Nachahmung aller geschilderter Aktionen kann natürlich nur bedingt empfohlen werden, sofern man im "grünen Bereich" bleiben will...

Inge Hannemann
Die Hartz-IV-Diktatur: Eine Arbeitsvermittlerin klagt an
Taschenbuch- 24. April 2015
Taschenbuch: 288 Seiten
Verlag: rororo (24. April 2015)
ISBN-10: 3499630656
ISBN-13: 978-3499630651

Stichworte zum Inhalt: Inge Hannemann, selbst etliche Jahre Arbeitsvermittlerin und Fallmanagerin im jobcenter deckt auf, was in den jobcentern Deutschlands Tag für Tag geschieht, welche menschlichen Tragödien die Hartz IV-Sanktionen auslösen- und wie teuer das unseren Staat zu stehen kommt.

Burkhard Tomm-Bub (M.A.)
Geringe Mitnahme-Effekte! - Ein fiktiver jobcenter-Krimi -
Buchdetails
Buch-Shop Belletristik & Literatur → Krimi & Thriller
ISBN: 9783737550628
Format: DIN A5 hoch
Seiten: 40
Erscheinungsdatum: 03.06.2015

Stichworte zum Inhalt:
Ein jobcenter-Krimi des langjährig als Sozialfachkraft im Sozialamt und später einige Jahre als Fallmanager im jobcenter tätigen Sozialarbeiters. Die Geschichte ist natürlich rein erfunden! Darauf gebe ich Ihnen mein Ehrenwort- ich wiederhole: ich gebe Ihnen mein Ehrenwort! ...

Harald Thomé
Leitfaden Alg II / Sozialhilfe von A-Z
Autoren: Frank Jäger, Harald Thomé
Umfang: 616 Seiten
Stand: 28. Auflage, 1. September 2015
ISBN: 978-3-932246-66-1

Stichworte zum Inhalt:
Der Titel ist selbsterklärend. Thomé weiß, wovon er spricht!
Und er ist DER Rechtsexperte.

Christoph Butterwegge
Hartz IV und die Folgen: Auf dem Weg in eine andere Republik?
Taschenbuch – 8. Januar 2015
Taschenbuch: 290 Seiten
Verlag: Beltz Juventa; Auflage: 2 (8. Januar 2015)
Sprache: Deutsch
ISBN-10: 3779932342
ISBN-13: 978-3779932345

Stichworte zum Inhalt:
Prof. Dr. Christoph Butterwegge lehrt Politikwissenschaft an der Universität Köln.
Viele Fakten, sachlich, aber auch provozierend, gründlich aber sozial engagiert und parteilich -das macht dieses Buch aus.

7. Sehr witzig...

"Revolution muss Spaß machen- und jeder darf mitmachen!"
(Russell Brand)

Darf man über ein so ernstes Thema überhaupt Witze machen?
Vielleicht muss man das sogar.
Wenn Lachen die einzige Alternative zum Weinen ist: nicht nur dann ist es eine gute Alternative.
Galgenhumor kann erleichtern, Satire kann Wirkung erzielen; den Gegner auszulachen, kann ihm einiges von seinem Schrecken nehmen, seine Macht Angst einzujagen mindern.
Pointen transportieren oft auch Informationen.
Und: vielleicht wäre es ja auch mal eine originelle Idee, bei der nächsten öffentlichen Kundgebung, oder einer Demo vor dem jobcenter, eine kleine Lesung zu veranstalten, mit thematisch passenden Witzen und Sarkasmen!
In diesem Sinne hier einiges als "Starter-Set".

17 + 4 Witze, Sarkasmen und Berichte aus dem Arbeitslosenbereich

Arbeitsvermittlung (Radio Eriwan)
Frage an Radio Eriwan: "Können die Arbeitsvermittler allen Menschen Arbeitsplätze vermitteln?"
Antwort: "Im Prinzip ja, aber haben Sie schon mal Zitronenfalter Zitronen falten sehen?"

***

Bienenfleißig
Kommt ein Fallmanager in das Büro seines Kollegen. Dieser ohne aufzusehen: "Guten Tag, setzen Sie sich, wir müssten eine neue Eingliederungsvereinbarung (EGV) unterschreiben, weil die alte abgelaufen ist, die drucke ich Ihnen sofort aus, steht nichts neues oder beunruhigendes drin, wenn Sie gelegentlich einen längeren Gesprächstermin wünschen können Sie mir das aufschreiben, wenn Sie jetzt bitte im Flur warten wollen, ich komme sogleich mit der EGV zu Ihnen, auf Wiedersehen. Nennen Sie mir zuvor aber bitte noch Ihre BG-Nummer."
Meint der andere Fallmanager: "Mensch, Frankie, ich bin`s doch nur, der Jürgen! Du hast es aber wirklich voll gefressen, mit den Minimum 98% aktiver EGV`s bis Quartalsende, die wir unbedingt bringen sollen!"

***

Erfolgreich vermittelt!
Was sagt ein arbeitsloser Chemiker zu einem Chemiker, der nach langen Jahren der Arbeitssuche endlich durch das jobcenter eine Stelle gefunden hat?
"Einmal Pommes mit Mayo, bitte!"

***

Fachpersonal
Projekt-Bewerbungsgespräch im jobcenter:
Personalchef: „Warum sollte ich denn Sie als Organisations- Berater anheuern, statt z.b.

interne Verbesserungsvorschläge zu sammeln?"
Bewerber: „Weil ich nicht bei Ihrer Institution angestellt bin. Kein intelligentes Wesen tut sich so was an."
Personalchef: „Nun ... ICH arbeite hier."
Bewerber: „Entschuldigung. Ich versuche, langsamer zu sprechen."

***

Finaler Vermerk
Aus den EDV- Vermerken eines Fallmanagers:
"Der Kunde Hans Sehhoffer ist zum Termin nicht erscheinen, jedoch traf eine formlose Nachricht ein, er sei vor wenigen Tagen verstorben und jetzt an einem besseren Ort. Neutermin mit Rechtsbehelfsbelehrung wurde versandt, Sanktion wegen Nichterscheinens in Aussicht gestellt. Wenn ein wichtiger Grund für das Fernbleiben bestand, muss dies anhand rechtsgültiger (!) Belege nachgewiesen werden. Weiterhin wird anhand der Mitteilung zu prüfen sein, ob unerlaubte Ortsabwesenheit vorliegt. WV."

***

Gehaltsvorstellung
Am Ende des Vorstellungsgesprächs fragt der Verantwortliche den Interessenten: "Und? Was für ein Einstiegsgehalt hatten Sie sich denn so vorgestellt?"
"Nun ja," sagt der angehende Vorabeiter, "für Frau und Kind sollte es halt schon halbwegs reichen ...".
Der Personalmensch der Zeitarbeitsfirma antwortet: "Mmh, klar. Was würden Sie zusätzlich von acht Wochen Urlaub mit Urlaubsgeld, einer betrieblichen Altersversorgung zur Aufstockung der Rente und einem Firmenwagen halten?"
Dem Arbeitswilligen fällt die Kinnlade herunter. "Hä? Das kann ja nicht Ihr Ernst sein. Sie wollen mich wohl veräppeln?"
"Klar", antwortet der Personalleiter, "aber Sie haben ja vorhin damit angefangen!"

***

Internes Belohnungssystem (Radio Eriwan)
"Werden konstruktiv- kritische jobcenter- MitarbeiterInnen belobigt?"
Antwort von Radio Eriwan:
"Im Prinzip ja, zumeist allerdings mit arbeitsrechtlichen Maßnahmen, Abmahnungen und Suspendierungen."

***

Jobcenter-Kurzwitz
Wird ein Arbeitsloser einer sinnvollen Maßnahme zugewiesen ...

***

Mitarbeiterqualifizierung intern
Die BA- Zentrale hat seine Spitzenleute auf ein teures Seminar geschickt. Sie sollen lernen, auch in schwierigen Situationen Lösungen zu erarbeiten und rasch und praxisnah zu entscheiden. Am zweiten Tag wird einer Gruppe von Führungskräften die Aufgabe gestellt, die Höhe einer Fahnenstange zu messen. Sie gehen hinaus auf den Rasen,

beschaffen sich eine Leiter und ein Bandmaß. Die Leiter ist aber zu kurz. Also holen sie noch einen Tisch, auf den sie die Leiter stellen. Es reicht immer noch nicht. Sie stellen noch einen Stuhl auf den Tisch. Da das alles sehr wackelig ist, fällt der ganze Aufbau immer wieder um. Alle reden gleichzeitig. Jeder hat andere Vorschläge zur Lösung des Problems. Eine Konferenz und Arbeitsgruppen werden vorgeschlagen. Ein Fallmanager der ersten Generation kommt vorbei, sieht sich das Treiben ein paar Minuten lang an. Dann zieht er wortlos die Fahnenstange aus dem Boden, legt sie hin, nimmt das Bandmaß und misst die Stange von einem Ende zum anderen. Er schreibt das Ergebnis auf einen Zettel und drückt ihn zusammen mit dem Bandmaß einem der Führungskräfte in die Hand.

Dann geht er wieder seines Weges.

Kaum ist er um die Ecke, sagt einer der Top- Kräfte: "Das war ja jetzt wieder typisch alte Fallmanager- Generation! Wir müssen die Höhe der Stange wissen und er sagt uns die Länge! Deshalb lassen wir natürlich solche Leute auch nie in den Vorstand aufsteigen und entfernen sie auch nach und nach aus den jobcentern!"

***

Politische Unterstützung
Ein Reporter fragt Angela Merkel: "Frau Bundeskanzlerin, was sagten sie doch neulich in Ihrer großen Rede über die Arbeitslosigkeit in der Bundesrepublik?"
"Ich? Nichts!"
"Natürlich, das ist ja klar, ich wollte nur noch mal wissen, wie sie es formuliert hatten."

***

Prioritäten
Wochenenddienst: der Chef einer Feuerwehrwache kommt - beide Hände tief in den Hosentaschen gesteckt - ganz langsam in den Aufenthaltsraum seiner Männer.
Nachdem er sich gesetzt und genüsslich einen Kaffee getrunken hat, sagt er bedächtig: "Macht euch mal ganz langsam und sachte fertig, Jungs- das jobcenter brennt ...".

***

Realwirtschaft
Zwei Unternehmer am Panoramafenster mit Blick auf die Fabrik.
1: Das wäre doch nun absoluter Quatsch, Arbeitslose einzustellen, wenn unsere Leute doch bereit sind, so viele Überstunden für kleines Geld zu machen!
2: Hm- und wenn sie sich irgendwann doch weigern?
1 (grinst): Die werden sich hüten! Wozu haben wir denn schließlich diese vielen Arbeitslosen, wenn nicht zur Abschreckung?!

***

Simulanten-Empörung
Der Fallmanager macht eine Mitteilung an den Leistungs-Sachbearbeiter. "Ich wurde informiert, dass der Kunde Herr Altweiß, der Krankheitssimulant, Vorgestern verstorben ist."
Leistungssachbearbeiter: "Was?! -Na. Jetzt übertreibt er aber wirklich!"

***

Sinnvolle Investitionen (Radio Eriwan)
Frage an Radio Eriwan:
"Sind Eingliederungszuschüsse und sonstige Prämien des jobcenters für Unternehmer effektive Instrumente der Arbeitsvermittlung?"
Antwort von Radio Eriwan:
"Im Prinzip ja! Allerdings ... haben Sie schon mal versucht, eine Drehtür zu zu knallen?"

***

Soziale Hängematte (Radio Eriwan)
Haben Hartz IV EmpfängerInnen und ein Frosch etwas gemeinsam?
Antwort von Radio Eriwan:
Im Prinzip ja. Beiden steht das Wasser bis zum Hals- und sie müssen auf die Mücken warten!

***

Traumjob
Kunde im Büro des Fallmanagers beim jobcenter. "Hätten Sie denn heute ein passendes Jobangebot für mich?"
Der Fallmanager: "Na klar, auf Mallorca, 20 Stunden die Woche, freier Swimmingpool, drei Riesen, jeden Morgen Sektfrühstück".
Darauf entgegnete der Kunde etwas verwirrt: "Wie jetzt? Woll`n Sie mich vereimern?"
Darauf der Fallmanager: "Schon. Aber hören Sie, Sie haben doch schließlich eben damit angefangen!"

***

Verbesserungen
"Na,", fragt der eine Fallmanager den anderen auf dem Flur, "wie läuft`s denn so, bei Euch in der Abteilung?".
"Tja,", meint der andere. "Falldurchschnitt 385 Fälle, zwei Leute krank, Chef macht Druck wg. Sanktionsquote und 3 Maßnahmen müssen wir befüllen, egal mit wem und wie, bis Ende der Woche ..."
"Oho. Also schon viel besser als vorige Woche, Glückwunsch, da kann man ja echt nicht meckern!!"

***

Verhältniszahlen
Wie viele Physiker braucht man um eine Glühbirne einzuschrauben?
Antwort: Einen- aber 400 bewerben sich.

***

Vermittlungsrekord! (Radio Eriwan)
Frage an Radio Eriwan: Stimmt es, dass das jobcenter Hamburg allen Arbeitssuchenden im Einzugsgebiet eine Arbeitsstelle vermittelt hat?
Antwort von Radio Eriwan: Im Prinzip ja, jedoch war es nicht das jobcenter Hamburg, sondern das jobcenter in Berlin. Und es war dort nicht das jobcenter, sondern der

Fallmanager Max Kreimeier.
Und er hat nicht allen eine Arbeitsstelle vermittelt, sondern der Kundin Henrike Hölscher.
Und der hat er keine Arbeitsstelle verschafft, sondern sie sanktioniert, weil sie, obwohl Sozialwissenschaftlerin, einen job im Call- Center nicht annehmen wollte.

***

Wahre Märchen
Sitzen der Papst, der Osterhase, Robin (=der Gehilfe von Batman) und ein qualifizierter Fallmanager Ende 2016 um einen Tisch herum.
In der Mitte liegt eine Tafel Schokolade. Wer bekommt sie am Ende?
Der Papst! -Alle anderen gibt es ja gar nicht!

***

Zwingende Voraussetzung
Vorstellungsgespräche zur Einstellung eines jobcenter- Mitarbeiters:
"An welche Position hätten Sie denn gedacht?" "Geschäftsführer!"
"Sind Sie verrückt?" "Nein, ist das Bedingung?"

***

Disclaimer

Disclaimer allgemein:
Ich distanziere mich deutlichst von allem rechten, faschistischen, autoritären, chauvinistischen, neonazistischen, rassistischen, fremdenfeindlichen, fundamentalistischen, verschwörungstheoretischen, querfrontlerischen und menschenverachtenden Gedankengut.
Ebenso lehne ich extremes Gedankengut und extrem gelebte Ideologien und Fanatismus ab.
Die Angaben in diesem Buch erfolgen nach bestem Wissen und Gewissen, jedoch naturgemäß ohne Gewähr.

Link-Haftung:
Dieses Buch enthält Links zu externen Webseiten Dritter, auf deren Inhalte ich keinen Einfluss haben. Daher kann ich für diese fremden Inhalte auch keine Gewähr übernehmen. Für die Inhalte der verlinkten Seiten ist stets der / die jeweilige AnbieterIn / BetreiberIn der Seiten verantwortlich. Die verlinkten Seiten wurden zum Zeitpunkt der Verlinkung auf mögliche Rechtsverstöße überprüft. Rechtswidrige Inhalte waren zum Zeitpunkt der Verlinkung nicht erkennbar.

Disclaimer persönlich:
Ich spreche hier für mich. Sofern nicht ausdrücklich anders gekennzeichnet handelt es sich jeweils um meine Meinung. Eine Meinung, die ich im Rahmen des Artikels 5 Absatz 1, Grundgesetz für die Bundesrepublik Deutschland, äußere und verbreite. Ich gehöre keiner Partei, Kirche, Sekte, oder ähnlichem an. Als Arbeitnehmer (Angestellter), sozial engagierter Mensch und als Patient bin ich andererseits auch kein vollständig „vereinsloser" Mensch. So bin ich etwa Fördermitglied bei greenpeace und world vioion und gewerkschaftlich bei ver.di organisiert. Ein Gleiches gilt für den Sozialverband VdK. Jedoch habe ich hier nirgends irgendwelche Ämter oder Posten inne. Meine Mitgliedschaften dort stehen in keinerlei auch nur entfernten Zusammenhängen mit meinen Beiträgen in diesem Buch!

Alle Angaben erfolgten mit Stand November 2015.
Dies nach bestem Wissen und Gewissen, aber naturgemäß ohne Gewähr. Informieren Sie sich bitte ZEITNAH bei Ihrem jobcenter, in Beratungsstellen und über seriöse Quellen im Internet. Vergleichen Sie diese und fragen Sie im Zweifel nochmals nach.

Dank / Impressum

Dank an:

+ R. Wildblume.
Weil es sie gibt.

+ Inge Hannemann, Norbert Wiersbin, Marcel Kallwas und Ralph Boes.
Für die Inspiration und vorbildliche Impulse.

+ Christoph Butterwegge.
Für die öffentliche professorale Unterstützung des Themas.

+ FHP: Freie Hartz IV Presse © by Perry Feth.
Für die Bereitschaft mit Material zu unterstützen.

+ Rosi S.
Für moralische Unterstützung und Hinweise.

+ erben der tara / Ellen Vaudlet.
Für Unterstützung mit Material und Inspiration.

+ Christel T., die jobcenter-Aktivistin.
Für die indirekte moralische Unterstützung.

+ Sascha Bulazel und seine literarische Familie.
Für handwerkliche und moralische Unterstützung.

+ die SympathisantInnen
Für die moralische Unterstützung.

+ die GegnerInnen und erklärten Feinde.
Den Gegnern für ihre knallharte Ehrlichkeit, den Feinden für die Gelegenheit zur Schärfung des eigenen Standpunktes.

Autor:

Burkhard Tomm-Bub, M.A.
67063 Ludwigshafen
Jakob-Binderstr. 22
ogma1@t-online.de

Herstellung und Verlag: BoD - Books on Demand, Norderstedt
ISBN: 978-3-7481-5789-2